依据**中国工会十八大文件精神**组织编写

新时代基层工会劳动和技能竞赛工作实务

（全新修订版）

邵月娥◎编著

人民日报出版社

图书在版编目（CIP）数据

新时代基层工会劳动和技能竞赛工作实务／邵月娥编著. --北京：人民日报出版社，2024.10

ISBN 978-7-5115-8002-3

Ⅰ.①新⋯ Ⅱ.①邵⋯ Ⅲ.①基层组织-工会工作-中国 Ⅳ.①D412.61

中国国家版本馆 CIP 数据核字（2023）第 193148 号

书　　名：**新时代基层工会劳动和技能竞赛工作实务**
　　　　　XINSHIDAI JICENG GONGHUI LAODONG HE JINENG JINGSAI GONGZUO SHIWU

作　　者：邵月娥

出 版 人：刘华新
责任编辑：刘天一
封面设计：陈国风

出版发行：人民日报出版社
地　　址：北京金台西路 2 号
邮政编码：100733
发行热线：（010）65369527　65369846　65369509　65369510
邮购热线：（010）65369530　65363527
编辑热线：（010）65363105
网　　址：www.peopledailypress.com
经　　销：新华书店
印　　刷：北京柯蓝博泰印务有限公司

开　　本：170mm×240mm　　1/16
字　　数：200 千字
印　　张：15.5
版次印次：2024 年 11 月第 1 版　　2024 年 11 月第 1 次印刷

书　　号：ISBN 978-7-5115-8002-3
定　　价：86.00 元

前言

2020 年 11 月 24 日，习近平总书记在全国劳动模范和先进工作者表彰大会上指出，广泛深入持久开展劳动和技能竞赛，积极参加群众性创新活动。2020 年 12 月 10 日，习近平总书记致首届全国职业技能大赛贺信中指出："职业技能竞赛为广大技能人才提供了展示精湛技能、相互切磋技艺的平台，对壮大技术工人队伍、推动经济社会发展具有积极作用。" 2022 年 4 月 27 日，习近平总书记向首届大国工匠创新交流大会发来贺信，指出："我国工人阶级和广大劳动群众要大力弘扬劳模精神、劳动精神、工匠精神，适应当今世界科技革命和产业变革的需要，勤学苦练、深入钻研，勇于创新、敢为人先，不断提高技术技能水平，为推动高质量发展、实施制造强国战略、全面建设社会主义现代化国家贡献智慧和力量。各级党委和政府要深化产业工人队伍建设改革，重视发挥技术工人队伍作用，使他们的创新才智充分涌流。" 习近平总书记关于劳动和技能竞赛的重要论述为新时代劳动和技能竞赛工作的开展提供了根本遵循。

合理化建议，指有关改进和完善企业、事业单位生产技术和经营管理方面的办法和措施，是企业、事业单位发展的原动力。合理化建议活动既是一种有效的管理手段，也是一种良好的文化策略，它在管理者与职工、职工与职工之间架设了沟通的桥梁，是职工发挥才智的平台，具有广泛的群众基础。一人智短，众人智长，群众智慧让合理化建议活动流光溢彩。

新时代劳动和技能竞赛、合理化建议工作是工会劳动和经济工作的重要内容，是工会围绕中心、服务大局，团结动员职工群众投身国家经济建设的重要手段和载体，是中国工会的传统工作与亮丽品牌。长盛不衰的社会主义劳动竞赛活动，充分尊重基层首创精神的合理化建议活动，主题始终紧扣时代脉搏、聚焦党和国家中心工作，领域不断拓宽，内涵不断丰富，方式不断创新，为强国建设、民族复兴注入强大活力与非凡定力。

本书共分九章，前七章围绕劳动和技能竞赛的理论基础、形势任务、组织实施、机制建设、活动载体、实践案例进行阐述，后两章围绕合理化建议活动概述、组织实施等阐述了这一活动的操作实务及注意事项。

当前，关于新时代劳动和技能竞赛、合理化建议的理论与实践研究成果较少。本书在编写过程中，参考了大量来自基层单位的实践经验，编写内容只是初步思考和探索，难免存在不足和疏漏之处，欢迎广大读者批评指正。

目 录

第一章　新时代劳动和技能竞赛概述

第一节　新时代劳动和技能竞赛的功能和特点　// 002

第二节　新时代劳动和技能竞赛的法律依据和遵循原则　// 006

第二章　新时代劳动和技能竞赛面临的新形势

第一节　产业工人队伍建设改革的需要　// 010

第二节　推进区域协调发展战略实施的需要　// 015

第三章　新时代劳动和技能竞赛的组织实施

第一节　竞赛体制　// 020

第二节　竞赛选题　// 022

第三节　竞赛形式　// 028

第四节　竞赛方案　// 033

第五节　运行管理　// 042

第六节　评比奖励　// 048

第七节　选树典型　// 051

第八节　精神弘扬　// 055

第四章　新时代劳动和技能竞赛的机制建设

第一节　新时代劳动和技能竞赛的组织机制　// 062

第二节　新时代劳动和技能竞赛的工作机制　// 063

第三节　新时代劳动和技能竞赛的评估机制　// 064

第四节　新时代劳动和技能竞赛的激励机制　// 076

第五节　新时代劳动和技能竞赛的选树机制　// 078

第六节　新时代劳动和技能竞赛的保障机制　// 079

第五章　新时代劳动和技能竞赛的载体建设

第一节　职工创新工作室　// 083

第二节　"安康杯"竞赛　// 093

第三节　班组竞赛　// 098

第四节　劳动模范工作　// 105

第五节　工人先锋号　// 108

第六节　"五小"活动　// 114

第七节　QC 小组　// 118

第六章　新时代劳动和技能竞赛的基层实践

第一节　国有企业劳动和技能竞赛　// 132

第二节　非公企业劳动和技能竞赛　// 134

第三节　机关事业单位劳动和技能竞赛　// 141

第四节　新产业新业态劳动和技能竞赛　// 148

第七章　新时代劳动和技能竞赛的地方实践

第一节　省级劳动和技能竞赛　// 152

第二节　市级劳动和技能竞赛　// 154

第三节　县区级劳动和技能竞赛　// 157

第四节　乡镇（街道）劳动和技能竞赛　// 162

第五节　开发区（工业园区）劳动和技能竞赛　// 164

第八章　合理化建议活动概述

第一节　合理化建议活动　// 169

第二节　合理化建议与职代会提案的异同　// 174

第三节　如何提出有效的合理化建议　// 175

第四节　发挥"隐形发动机"作用　// 178

第九章　合理化建议活动的组织实施

第一节　设立组织领导机构　// 182

第二节　健全合理化建议活动制度　// 183

第三节　筹划与发动　// 189

第四节　评审和实施　// 191

第五节　表彰奖励与经验推广　// 193

第六节　过程监督检查　// 196

第七节　常用文书与表格　// 197

附　录

中华全国总工会办公厅关于印发《中华全国总工会劳动和技能竞赛规划
（2021—2025 年）》的通知　// 208

企业劳动和技能竞赛绩效评估指标体系（试行）　// 216

关于加强新时代高技能人才队伍建设的意见　// 223

中华全国总工会关于印发《全国五一劳动奖状 全国五一劳动奖章 全国工
人先锋号评选管理工作办法》的通知　// 230

参考资料及说明　// 237

第一章

新时代劳动和技能竞赛概述

劳动和技能竞赛作为工会工作的传统优势、工作品牌，是工会围绕中心、服务大局的重要手段和载体。进入新时代，其内涵和外延都有了扩展，新时代劳动和技能竞赛主要分为生产型竞赛、技能型竞赛和智能型竞赛。

第一节　新时代劳动和技能竞赛的功能和特点

新时代劳动和技能竞赛坚持以习近平新时代中国特色社会主义思想为指导，是贯彻落实党全心全意依靠工人阶级根本方针的重要体现，是发掘人潜能的一种实践活动，是现代企业生产经营活动中的一种最常见的劳动组织形式。

一、新时代劳动和技能竞赛

新时代劳动和技能竞赛是工会组织开展的旨在激发职工主人翁精神，调动职工积极性，团结动员职工投身国家经济建设的一系列活动，是工会围绕中心、服务大局的重要手段和载体，在工会工作全局中具有重要地位。新时代劳动和技能竞赛有广义和狭义之分，狭义的劳动和技能竞赛特指生产竞赛，广义的劳动和技能竞赛是职工经济技术活动的统称。根据竞赛内容的不同，劳动和技能竞赛可划分为三类：生产型竞赛、智能型竞赛和技能型竞赛。

（一）生产型竞赛

生产型竞赛是旨在调动职工积极性、促进某一生产任务完成而开展的竞赛活动。产能是其衡量的主要指标。竞赛全过程聚焦劳动精神。

1.生产型竞赛操作流程：成立生产型劳动和技能竞赛机构→确定生产型劳动和技能竞赛目标→制订生产型劳动和技能竞赛方案→组织实施生产型劳动和技能竞赛→生产型劳动和技能竞赛评比和表彰→推广生产型劳动和技能先进经验

2.车间、班组劳动竞赛操作流程：宣传车间、班组劳动竞赛方案→细化车间、班组劳动竞赛方案→组织车间、班组劳动竞赛观摩→表彰车间、班组劳动竞赛先进

3.“安康杯”竞赛流程：科学搭建组织机构→把握全局，做好科学统筹→确定恰当的目标和形式→宣传动员→组织实施→总结表彰与品牌树立

4.女职工竞赛流程：充分认识女职工劳动竞赛的重要性→大力宣传女职工劳动竞赛的意义→结合女职工工作的特点，科学管理、规范运作劳动竞赛→总结表彰女职工劳动竞赛中涌现的先进典型

5.安全知识竞赛操作流程：策划工作（制订赛事方案→选择竞赛场馆）→安全知识竞赛的组织程序及方法（健全机构，确定竞赛内容、形式和程序→进行动员布置→建立题库→完备竞赛器具→选定竞赛主持人→制定竞赛规则）→比赛前后的基础工作（赛前辅导→成立评委会→布置赛场→赛前检验→观众的组织与管理→竞赛全程的调控→赛后评比表彰）

6.安全、工程等专项竞赛操作流程：明确目标，广泛宣传→健全竞赛组织，加强竞赛领导→注重过程控制，实施动态管理→用活各种载体，形成强大合力→及时总结表彰，宣传先进典型

（二）技能型竞赛

技能型竞赛是旨在帮助职工掌握操作技法、促进职工技能水平普遍提高而开展的竞赛活动，包括岗位练兵、技能比赛等活动，又称为职工技能素质提升活动。技能是其衡量的主要指标。竞赛全过程聚焦工匠精神。

1.技能型竞赛操作流程：丰富竞赛多媒体平台，拓宽职工群众了解和参与竞赛渠道→设立与时俱进、公平合理、科学规范的竞赛内容和方式→开展赛前培训，构建新型劳动竞赛体系和机制→预赛→决赛→跟踪开展竞赛后续工作，多方推进竞赛成果健康可持续发展→总结推广经验

2.岗位练兵操作流程：制订岗位练兵工作规划→建立岗位练兵管理办法→精心组织岗位练兵实施→坚持岗位练兵科学考核

3.技术比武操作流程：赛前开展调查研究→预赛立足基层选拔→决赛集中展示技能→科学评比表彰激励→赛后总结推广经验

（三）智能型竞赛

智能型竞赛是旨在开发职工智能、促进技术进步和加强经营管理而开展的竞赛活动，包括合理化建议、技术攻关、技术革新和发明创造等，又称为职工技术创新活动。智能是其衡量的主要指标，聚焦创新精神。

1.合理化建议活动流程：合理化建议活动的发起和征集（前期）→合理化建议的评审和实施（中期：申报→登记→评审→实施）→合理化建议奖励的兑现和成果的应用（后期）

2.职工技术创新工作活动流程：充分认识职工技术创新工作的重要性→切实加强对职工技术创新工作的组织领导→大力加强职工技术培训工作→广泛开展职工技术创新活动→充分发挥劳动模范和技能人才的引领作用

3.创新工作室创建流程：充分认识创新工作室创建的重要意义→规范创新工作室创建标准和管理要求→制定创新工作室的工作任务与作用→明确创新工作室的申报程序→加强创新工作室的组织管理

综上所述，可以用产能、技能和智能"三能"理论来概括竞赛的大致分类。当前，我们提倡多开展技能型竞赛和智能型竞赛，这也是新时代劳动和技能竞赛的重点。中国工会十八大报告明确指出，要围绕国家重大战略、重大工程、重大项目、重点产业，以技术创新为导向，深入开展"建功'十四五'、奋进新征程"主题劳动和技能竞赛，探索新产业新业态竞赛活动新形式，打造影响力大、引领力强的竞赛品牌。

二、新时代劳动和技能竞赛的综合功能

劳动和技能竞赛激发了广大职工的创造性劳动，推动了企业发展，提高了职工素质，有利于协调工会与政府、职工与企业、职工与职工之间的关系，具有创造功能、激励功能、教育功能等综合功能。

1.创造功能。创造性是劳动和技能竞赛的本质属性。通过有效调动积极性、激发创造热情，得出优于正常工作情况下的成果。一般情况下，企业制定的生产计划指标，是按照生产能力、技术水平、原料供应程度、资金占有额等正常情况考虑的，不可能将潜在的、尚未形成生产能力的因素，如技术革新、合理化建议、可能创造的新材料以及职工的潜力等作为计划指定的条件。不同于行政组织生产，创新、创先、创优一直是劳动和技能竞赛应具备的基本内涵。

2.激励功能。激励功能体现为两个层次。一是通过开展以集体主义为原则的"比学赶帮超"活动激发职工主人翁责任感，激发职工群众的智

慧、积极性和创造力，是解决先进与落后的矛盾，不断推进经济社会前进的动力。二是通过付出高于平常的劳动，得到与之相应的物质利益，劳动创造幸福。

3.教育功能。新时代劳动和技能竞赛是以提高职工素质、推进科技进步、提高经济效益和服务质量为主要内容的建设社会主义的重要方法，是政治思想工作和经济工作相结合的最佳形式，"劳动竞赛是共产主义劳动态度的一种具体表现，同时它本身是一种最好的共产主义教育"。一是通过竞赛学到先进的文化知识、技能和经验，提高生产效率，增强岗位竞争力。二是通过竞赛选树典型，形塑新时代的劳模精神、劳动精神、工匠精神。

一定程度上，新时代劳动和技能竞赛是一次多方位检验职工业务水平的盛会，它为广大职工提供了一个展示才华的舞台，已成为工会组织助力企业发展的推进器、培养劳模工匠的大熔炉、展现职工风采的大平台，能够促进解决制约企业发展的"卡脖子"问题，提升企业的发展质量和速度。新时代劳动和技能竞赛有效焕发职工"主人翁"意识，激发"主力军"作用，不仅促进职工在比学赶帮超中实现自我提升和价值实现，提升职工的获得感、安全感和幸福感，更能凝聚民力、汇集民智，为全面建成社会主义现代化强国贡献力量。

三、新时代劳动和技能竞赛的时代特征

1.政治性。新时代劳动和技能竞赛坚持以习近平新时代中国特色社会主义思想为指导，从根本上牢牢把握我国工人运动的政治使命，在全面建成社会主义现代化强国、实现第二个百年奋斗目标，以中国式现代化全面推进中华民族伟大复兴新征程中，以竞赛引领职工听党话、跟党走，激发职工的主人翁精神，发挥主力军作用，做新时代的见证者、开创者、建设者，奏响"劳动光荣、创造伟大"的时代主旋律。

2.先进性。新时代劳动和技能竞赛造就了一支有理想守信念、懂技术会创新、敢担当讲奉献的产业工人队伍。一方面，新时代劳动和技能竞赛巩固了"劳动最光荣、劳动最崇高、劳动最伟大、劳动最美丽"的观念，让更多劳动者焕发劳动热情、释放创造潜能；另一方面，新时代劳动和技

能竞赛不断拓宽职工成长成才渠道，培养出更多劳模、工匠。

3.群众性。体现在竞赛的指导原则和各个环节坚持相信群众依靠群众原则，表现在千百万职工自觉自愿积极参加，在竞赛过程中实现自我教育与自我激励，主动为企业创一流成绩、做一流贡献。新时代劳动和技能竞赛一直坚持以职工为中心，面向基层、面向一线职工、面向普通劳动者，突出职工的主体地位，尊重职工的首创精神，为职工提供展示自我的平台。同时，竞赛也要维护职工的劳动就业、收入分配、安全卫生等权益，使其共享改革发展成果，并维护其发展权益。

4.广泛性。首先是参与者的广泛性，既包括生产工人、技术人员，也包括管理人员、服务人员等；其次是竞赛内容的广泛性，生产、流通、经营、管理都可以纳入竞赛，提升全过程能力；最后是竞赛的影响力广泛，竞赛中形成的学赶先进热潮和涌现出的劳模工匠等先进人物，影响和引领全社会，促进我国物质文明和精神文明建设。

5.民主性。职工通过竞赛，充分发挥职工自身的聪明才智，对企业生产经营管理提出意见，从而参与企业管理。竞赛中形成的自下而上的群众自我管理与自上而下的行政管理相结合的民主管理方法，构成企业民主管理的重要手段和重要内容。

第二节　新时代劳动和技能竞赛的法律依据和遵循原则

2021年12月24日第十三届全国人大常委会第三十二次会议修改的《工会法》第32条增写了"劳动和技能竞赛活动"方面内容，赋予工会干部做好新时代劳动和技能竞赛工作法律依据。

一、新时代劳动和技能竞赛的法律依据

《宪法》《劳动法》《工会法》《中国工会章程》等都对工会组织开展

劳动和技能竞赛作出了明确规定。

《宪法》第四十二条规定，中华人民共和国公民有劳动的权利和义务。国家提倡社会主义劳动竞赛，奖励劳动模范和先进工作者。国家提倡公民从事义务劳动。

《劳动法》第六条规定，国家提倡劳动者参加社会义务劳动，开展劳动竞赛和合理化建议活动，鼓励和保护劳动者进行科学研究、技术革新和发明创造，表彰和奖励劳动模范和先进工作者。

《工会法》第三十二条规定，工会会同用人单位加强对职工的思想政治引领，教育职工以国家主人翁态度对待劳动，爱护国家和单位的财产；组织职工开展群众性的合理化建议、技术革新、劳动和技能竞赛活动，进行业余文化技术学习和职工培训，参加职业教育和文化体育活动，推进职业安全健康教育和劳动保护工作。

《中国工会章程》第二十八条规定，基层工会委员会的基本任务之一是：组织职工开展劳动和技能竞赛、合理化建议、技能培训、技术革新和技术协作等活动，培育工匠、高技能人才，总结推广先进经验。做好劳动模范和先进生产（工作）者的评选、表彰、培养和管理服务工作。

二、新时代劳动和技能竞赛遵循原则

1.为经济建设和企业生产经营服务。以经济建设为中心，凝聚职工智慧和力量，推广先进生产和管理经验，使少数先进生产水平转化普及为全社会的生产水平，从而促进经济发展；紧紧围绕企业发展目标和任务，熟悉生产所有环节，了解关键领域薄弱环节，把问题作为竞赛目标予以解决。

2.互相学习、互相帮助，取长补短、共同提高。这一竞赛原则，反映了竞赛的基本规律，注重互助合作，带动帮助，共同提高。

3.有利于职工群众参与。作为一项群众活动，要求在竞赛目标的制定、竞赛形式的选择、活动方法的选取时坚持"从群众中来，到群众中去"，注重带动、吸引职工自觉自愿参与，进一步把竞赛变成职工的自觉行动。

4.精神奖励与物质奖励并重。按照价值规律要求，建立符合市场经济要求的竞赛激励机制。物质奖励上坚持多劳多得予以重奖，精神奖励上采用多种方式对竞赛中涌现出的先进集体和先进个人予以表彰和宣传，在社会上弘扬劳模精神、劳动精神、工匠精神。

5.坚持"两个统一"。把开展劳动和技能竞赛与维护职工合法权益统一起来，通过维护竞赛中职工的劳动就业、收入分配、劳动安全卫生等权益，共享改革发展成果，实现职工和企业双赢；把推动经济发展和维护社会稳定统一起来，加强人文关怀和心理疏导，以劳动关系和谐促进社会和谐，不断落实"促进企业发展、维护职工权益"的企业工会工作原则。

三、新时代开展劳动和技能竞赛的重要着力点

1.坚持推动高质量发展。充分激发广大职工的积极性、主动性、创造性，促进供给侧结构性改革、重大战略实施和产业基础高级化、产业链现代化，在推动高质量发展中充分发挥工人阶级主力军作用。

2.坚持以职工为中心。严格落实《劳动法》《新时期产业工人队伍建设改革方案》要求，坚持职工自愿参与，坚持面向基层、面向一线、面向普通劳动者，把竞赛活动打造成为职工成长成才的平台，切实增强职工的获得感、幸福感。

3.坚持创新引领。瞄准技术变革和产业优化升级的方向，紧扣坚持创新核心地位引导职工参与科技创新，大幅提高创新成果转移转化成效，紧扣激发人才创新活力提升职工技能水平，建设知识型、技能型、创新型劳动大军。

4.坚持广泛深入持久的基本要求。牢固树立系统观念，抓大促小、示范带动、整体推进，不断扩大覆盖面、提高参与度，积极探索并创新竞赛的机制、载体、方式、平台等，降低竞赛门槛，扩展竞赛领域，把最广大职工群众吸引到竞赛活动中来，实现"广泛开展"；落实到基层、深入到一线，紧密结合国家发展战略和企业发展重点，设定目标、突出主题、丰富内涵、力求实效，实现"深入开展"；长期坚持下去、形成长效机制，创新完善竞赛的组织领导、过程管理、绩效评估、奖励激励等机制，实现"持久开展"。

第二章

新时代劳动和技能竞赛面临的新形势

　　进入新时代，在推动产业工人队伍建设改革、推动区域协调发展战略实施过程中，劳动和技能竞赛需要更新竞赛理念，注入新的内涵、开辟新的赛道，创新竞赛机制。

第一节　产业工人队伍建设改革的需要

产业工人队伍建设改革是习近平总书记亲自点题、亲自部署、亲自指导的重大改革，是党和国家一项具有战略性、全局性的重大决策部署。人工智能的高速发展将引领第四次产业（工业）革命的到来，工会组织如何有所作为，如何引领职工去应对？目前，我国产业工人素质的提升，亟须通过劳动和技能竞赛的方式提速换挡。

一、推动产业工人队伍建设改革的重要意义

推动产业工人队伍建设改革，是巩固党长期执政的阶级基础和群众基础的迫切需要。工人阶级是我国的领导阶级，产业工人是工人阶级中发挥支撑作用的主体力量。不断深化产业工人队伍建设改革，加强对产业工人队伍的思想政治引领，健全完善保证产业工人主人翁地位的制度安排，坚定产业工人听党话、感党恩、跟党走的自觉信念，对巩固党的执政基础、扩大党的群众基础，有着极为重要的作用。

推动产业工人队伍建设改革，是实施制造强国战略、推动高质量发展的迫切需要。产业工人是创造社会财富的中坚力量，是创新驱动发展的骨干力量，是实施制造强国战略的有生力量，在加快产业转型升级、推动技术创新、提高企业竞争力等方面具有基础性作用。努力打造一支宏大的高素质产业工人队伍，为高质量发展提供强大的人才支撑，对经济社会持续健康发展具有重要作用。

二、产业工人队伍建设改革与劳动和技能竞赛

随着智慧工厂的快速发展，企业效率越来越高，摆在面前的最现实的问题，就是企业用人越来越少，对职工的要求越来越高，职工的压力越来

越大。新时代劳动和技能竞赛要实现习近平总书记提出的"见人、见物、见精神"活动目标。"见人"是培养人，提高产业工人的素质和能力，推动产业工人队伍建设；"见物"是推动产业转型、经济建设和企业发展；"见精神"是以竞赛中选树的模范、先进为榜样，弘扬劳模精神、劳动精神、工匠精神，并使之成为职工群众的共同追求，营造劳动光荣的社会风尚和精益求精的敬业风气。

为更好发挥产业工人主力军作用，建立以世界技能大赛为引领、全国职业技能大赛为龙头、全国行业职业技能竞赛和地方各级职业技能竞赛以及专项赛为主体、企业和院校职业技能比赛为基础的中国特色职业技能竞赛体系，对于提升宏大的知识性、技能型、创新型产业工人队伍建设具有重要的战略意义。全总制订劳动和技能竞赛5年规划以及《关于进一步提高非公企业劳动和技能竞赛工作水平的意见》，围绕国家重大战略、重大工程、重大项目、重点产业，组织动员3.7亿人次产业工人参与多种形式的劳动和技能竞赛，在推动高质量发展中建功立业。大力支持产业工人创新创造，深化"五小"等群众性创新活动，探索创建跨区域、跨行业、跨企业的创新工作室联盟，命名297家全国示范性劳模和工匠人才创新工作室，创建各级各类创新工作室8.2万余个，20个一线产业工人创新项目获国家科学技术进步奖。成功举办首届大国工匠创新交流大会，495项职工创新成果在线签订成果转化意向书，不断激发产业工人创新创造活力。

 案例

劳动竞赛"四重奏"　激发电力产业工人建功绿色发展的奋进精神

2023年12月06日　来源：《思想政治工作研究》

华电山西能源有限公司（以下简称"山西能源"）作为华电驻晋电力央企，坚决落实习近平总书记新型能源体系建设要求，聚焦绿色低碳发展，以新能源劳动竞赛为切入口，搭建电力产业工人建功绿色发展平台，有效激发电力产业工人建功绿色发展的奋进精神。

一、"政策+激励"激活电力产业工人奋进"动力"

坚持党的领导、加强党的建设，是国有企业的"根"和"魂"，是我国国有企业的光荣传统和独特优势。山西能源坚持以党建为引领，抓实新能源劳动竞赛的顶层设计。

一是实行高位推动。把劳动竞赛作为"一把手"工程实施，成立以党委书记、总经理为组长的竞赛领导小组，细化责任分工，设立劳动竞赛考评组、激励组、协调组、宣传组，明确工会的主导地位和各部门的相关职责，建立了党政统一领导，工会牵头组织，职能部门协同配合和基层分级组织的工作机制，构建了行政、工会齐抓共管、分工负责工作格局。

二是各方贯通联动。围绕新能源发展的年度目标，合理设置劳动竞赛目标、考评标准，确保竞赛目标与发展目标同向同行。创新实施一体化管理，实现日常管理与竞赛组织统一安排、项目专班与竞赛机构统一办公、行政机构和竞赛机构一体发力。强化过程管控，建立多方会审制度，由"公司工会、专业部门、基层单位、项目单位"对竞赛组织、开展过程等情况进行会审，做到目标明确、执行迅速，多方联动、指挥灵敏，推动竞赛有效开展。

三是强化激励措施。明确了劳动竞赛实行精神鼓励和物质奖励相结合的原则，奖励劳动竞赛中的优秀项目、先进集体和先进个人，促使各单位充分发动、广泛调动职工智慧力量和积极性，加快推动项目发展。设置年度百万重奖，分设节点目标、年度目标和登高目标，实行即时奖励制度，成立工会办、规划部、工程部、生技部、人资部、财务部、企法部、监督部等职能部门构成的激励组，及时兑现项目开发、建设环节中各主要节点成效，有效激发职工参与的热情及动力。

二、"竞赛+培养"赋能电力产业工人奋进的"效力"

新能源劳动竞赛过程设计的科学性是竞赛取得成功的关键性因素，需要充分考虑目标与要求、过程管控、持续改进优化等关键性因素，着力发挥劳动者作为生产力首要能动作用。

一是开展全链条竞赛。紧盯年度新能源发展目标，精准设置劳动竞赛目标。2019年，围绕汾阳、石槽沟、泽州一期三个风电项目按期投产开展节点竞赛；2020年，围绕平鲁、五寨、应县、武乡、泽州二期五个风电项目按期投产开展节点竞赛；2021年，围绕新能源前期开发开展专项竞赛；

2022年，将新能源增量项目和存量项目一并纳入竞赛中，创新开展新能源"项目前期、工程建设、生产运营"全链条竞赛；2023年，在新能源全链条竞赛内容基础上增设生产准备、党建联建共建、业务技能大赛、群众性创新创造、创先争优等综合竞赛，逐步由新能源单项竞赛发展为全面竞赛。

二是实行全周期管理。运用PDCA质量管理法，将竞赛分为计划制订、组织实施、检查考评、总结表彰四个环节，每个环节均制定出具体的目标、标准、节点和措施，形成有目标、有标准、有检查、有评比、有奖励的闭环体系。着力提高竞赛过程指导，实行月统筹、周调度，及时掌握解决竞赛存在困难问题。强化政策利用，竞赛领导小组会每月组织学习国家、省市、集团公司项目发展政策，督导各工作组工作开展。建立工作信息通报机制，周工作进展、月底目标完成情况定期通报，重要工作取得突破随时通报，实时掌握竞赛动态，确保目标进度可控在控。

三是提高人才效能。以新能源劳动竞赛为平台，极大激发职工学技术、钻业务、提技能的积极性和主动性，为实现山西能源高质量发展提供不竭动力。开展新能源专业技术大练兵，先后组织风电运维、光伏运维、新能源技术监督、新能源安全应急、电力工程造价管理、合同管理等业务技能大赛，高质量承办华电集团公司新能源安全应急大赛，取得了组织、参赛"双丰收"。五年来，系统各单位10多个工种开展技能竞赛30多次，19人次实现了岗位晋升；各类技能竞赛中，200余人提升技能等级，产生公司级"业务技术能手"10名，培育公司级"技能匠才"6名；实现了典型引领的目标，2名职工获华电集团劳动模范，20名职工获山西省电业工会主题劳动竞赛优胜个人。

三、"创新+联动"提升电力产业工人奋进的"活力"

山西能源在新能源劳动竞赛过程中注重创新项目化管理的运作模式，建立系统性的战略思维，因地制宜运用多种竞赛形式载体开展竞赛活动。

一是创新项目运作。坚持从实际出发，积极探索创新适应形势要求的新能源劳动竞赛组织形式和载体，提升竞赛的针对性和有效性；在项目实施过程中，强化项目责任和过程管理，对于执行中遇到的困难及时解决，出现的偏差及时纠正；健全信息反馈、项目督导、调查研究、评估考核、总结表彰等工作机制，强化闭环管理。

二是创新区城协同。注重搭建交流合作平台，探求区域合作的新模式。以产业发展、项目合作为纽带，发挥企业集中、产业聚集、行业相近等优势，加强新能源劳动竞赛区域联动，开展多层次、宽领域合作，提升竞赛的聚合效应。探索建立区域性和行业性职工技术创新联盟，举办区域性行业性竞赛，开展技术帮扶，从而提升区域整体技术水平。

三是创新模式载体。在新能源劳动竞赛模式上，从速度型转向精细型，从体力型转向智慧型，从单一型转向综合型，从个体型转向协同型。广泛开展以创建"工人先锋号"为载体的班组竞赛活动，重点组织开展灵活多样、针对性强、群众喜闻乐见的中小型竞赛活动，建立"小考场""小擂台""小课堂""小示范点""小课题组""小板报"等活动载体。

四、"文化+宣传"凝聚电力产业工人奋进的"向心力"

山西能源新能源劳动竞赛始终重视弘扬劳模精神、劳动精神、工匠精神，引导职工树立正确的劳动价值观，通过劳动竞赛发掘先进人物、展现奋进精神，加强示范引领，扩大竞赛参与群体、拓宽宣传影响的覆盖面，从而扩大竞赛的影响力。

一是融入奋勇争先企业文化。开展企业文化大讨论，通过公司系统党支部、基层班组开展集中式学习、穿透式讨论、立体式宣贯，凝聚"事业是干出来的、工资是挣出来的、幸福是奋斗出来的"思想共识，以分秒必争、时不我待的紧迫感，突出"比指标、赛责任担当，比业绩、赛工作成效，比贡献、赛奋进精神，比创优、赛创新经验，比管理、赛精品工程，比作风、赛实干风貌"，接续奋斗，奋力追赶，营造出"创新奋进、奋勇争先"的竞赛态势。

二是弘扬"三种精神"。积极构建和倡导以劳模精神、劳动精神、工匠精神为核心，通过新能源劳动竞赛发掘先进人物、展现先进思想，加强示范引领，以创新创造、发挥作用为价值理念，以多劳多得、技高者多得为共同意识，以爱岗敬业、公平公正为基本内涵的竞赛文化。在动员和开展劳动竞赛的过程中，以社会主义核心价值观引领职工树立正确的劳动价值观，大力弘扬爱岗敬业的职业道德，始终把劳动创造幸福的理念贯穿于新能源劳动竞赛宣传和组织的全过程，让劳动光荣、创造伟大成为时代强音。

三是构建全覆盖宣传。充分利用微信、网站、杂志、展板等平台，先后拍摄制作《使命必达》《长征精神照耀下的"听风者"》《荣耀传承》等展示新能源职工风采的微电影，推送竞赛活动专题微信 10 期，广泛宣传竞赛先进典型身上展现出的"阳光、进取、务实、担当"的精神品质，涌现出了"七个领先"的"平鲁样本"、零下 30 度作业不间断的"五寨硬核"、50 天浇筑 20 台基础的"泽州速度"、78 小时攻克叶片运输难关的"应县品质"、"愚公移山"的"定襄精神"等感人故事。(中国华电政研会供稿，作者：华电山西能源有限公司党委)

第二节　推进区域协调发展战略实施的需要

新时代新征程，推动区域协调发展战略的实施，既是解决发展不平衡问题的内在要求，也是构建新发展格局的重要途径。在这一战略背景之下，工会组织开展的劳动和技能竞赛在提升区域内职工素质能力、行业标准、推进区域协调发展中发挥了不可替代的作用。

一、竞赛提升区域内职工素质能力

全面提高职工队伍素质，大力推进工人阶级知识化进程，是全党和全社会的战略任务，同时也是工会在新时代必须履行好的重要职责。开展劳动技能竞赛是中国工会的传统和优势，也是提高职工素质的重要载体和平台。开展区域性劳动和技能竞赛，搭建技能人才展示技艺技能、相互学习交流的平台，是高技能人才脱颖而出的快速通道。新时代，劳动和技能竞赛的内涵已经发生很大的变化，由原来的单纯技术比武转变成提升职业素质和职业技能的平台。借助备赛契机，搭建师徒之间、名师之间的技术技能交流平台，加快技术融合、技能提升的进度，激励广大员工学技术、练技能、提素质、成人才，用好用活高技能人才，建立技能人才培养、评价、使用和激励为一体的综合工作体系。

二、竞赛提升区域内行业标准

举办区域性行业性职业技能大赛，制定行业标准，开展争创优秀师徒、先进操作法、国际一流或行业领先的标杆人才团队等评选活动，广泛开展师带徒活动，总结推广先进操作法，充分利用现有条件，做好职工职业技能培训工作。加强技术创新交流合作，开展创新成果展示交流活动，创建劳模和工匠人才创新工作室联盟，组织劳模工匠开展技术帮扶，提升区域整体技术水平和行业标准。加强竞赛组织交流合作，分享推广竞赛活动经验，着力研究解决矛盾问题，推动竞赛广泛深入持久开展，为区域内产业发展提供优良的人才环境和智力支持。

三、竞赛推动区域一体化发展

在推进区域协调发展的进程中，通过健全竞赛区域联动机制，劳动和技能竞赛进一步推动区域高质量发展和一体化进程，推动区域发展向更高水平迈进。区域性竞赛要紧贴区域发展目标开展，围绕促进特色产业开展区域性行业性竞赛，推动产业高质量发展。要建立健全区域竞赛组织机制，着眼常态化、一体化、实效化，完善联席会议制度，发挥企业集中、产业聚集、行业相近等优势，开展多层次、宽领域合作，提升竞赛在高质量和一体化中的聚合效应。

以劳动和技能竞赛助推长三角一体化发展为例。自助推长三角一体化发展国家战略沪苏浙皖工作首次联席会议召开以来，三省一市总工会在劳动和技能竞赛、工匠培养、职工疗休养、和谐劳动关系构建等方面持续合作，紧扣"高质量"和"一体化"两个关键词，不断书写长三角一体化建设中的工会篇章。2023 年 6 月 28 日，沪、苏、浙、皖三省一市总工会召开 2023 年推进长三角高质量一体化发展工会工作联席会议，会议发布了2023 年推进长三角高质量一体化发展工会工作方案，命名了首届"长三角大工匠"。在发布的 2023 年四大工作方案中，第一项就是劳动和技能竞赛。16 项劳动和技能竞赛为长三角职工搭建了竞技大舞台。

第一类：三省一市总工会牵头推进的长三角重点竞赛项目。分别是：由上海市总工会牵头开展长三角地区信息技术应用创新成果大赛；由江苏省总工会牵头开展第三届中国长三角地区劳模工匠创新工作室选树命名活动；由浙江省总工会牵头开展长三角地区工业机器人虚拟仿真职业技能竞赛；由安徽省总工会牵头开展长三角新能源汽车技术技能竞赛。

第二类：三省一市总工会联合相关部门开展的竞赛活动。分别是：开展校企合作、产教融合项目竞赛活动；开展长三角地区智能交通创新技术应用大赛；开展第三届长三角地区优化营商环境立功竞赛暨食品检验检测职业技能竞赛；开展长三角地区供水行业供水管道工职业技能竞赛；开展第二届中国长三角地区融资担保职业技能竞赛。

第三类：三省一市总工会指导推动相关地级市、区（县）、产业局工会开展的竞赛活动。分别是：推动长三角生态绿色一体化示范区开展三地消防救援队伍业务技能竞赛；推动铁路系统开展第三届长三角地区铁道行业职业技能竞赛；推动长三角（5+10）城市工会［由环太湖的无锡、常州、苏州、湖州、嘉兴五城市总工会共同发起，上海市浦东新区、青浦区，江苏省南京、徐州、南通、镇江市，浙江省绍兴市，安徽省合肥、芜湖、宣城市等长三角区域十城市（区）总工会共同参与］工作联盟开展物联网工程技术职工职业技能竞赛。

第四类：推动三省一市相关部属企事业工会开展长三角地区废水处理行业（废水处理工）职业技能竞赛。分别是：推动长三角环太湖城市开展电梯维修技能邀请赛；推动长三角（5+10）城市工会工作联盟开展康养美食创新大赛；推动长三角地区职工疗休养基地开展服务技能大赛。

 ## 案例

"蒙面焊将"云集，一场劳动和技能竞赛在青浦这里开展

2023 年 11 月 27 日　来源：绿色青浦

2023 年 11 月 24 日，为深入贯彻落实习近平总书记关于技能人才队伍建设的一系列重要指示精神，更好落实"2023 年长三角生态绿色一体化发展示范区工建共建联席会议"精神，2023 年长三角一体化高质量发展劳动和技能竞赛暨"长三角技能大赛杯"活动在青浦举办。来自青浦区的朱家角镇、金泽镇，吴江区的汾湖高新区（黎里镇）以及嘉善县的西塘镇、姚庄镇五镇共派出 5 支队伍 30 名选手同台竞技。

为进一步加强长三角生态绿色一体化发展示范区先行启动区五镇工会工作的联系，促进"城镇圈"区域经济社会协同联动发展，现场发布了示范区先行启动区五镇联盟推进"城镇圈"工建工作方案：共建五镇"城镇圈"工建联盟、聚焦重点产业开展立功竞赛、搭建劳动先进互学互促平台、加强信息共享和协同调处、职工疗休养区域战略协作工作。

本次竞赛设置焊接技能演示、焊接技能竞赛 2 个项目。现场，参赛选手们一手拿着防护面罩，另一只手紧握焊枪，全神贯注地点焊，现场呈现出紧张激烈的氛围。一支支焊枪在参赛选手的手中喷射，焊花飞舞，如一朵朵绚丽的烟花绽放，留下一道道形似鱼鳞状的整齐焊缝，生动诠释了精益求精、一丝不苟的工匠精神。

来自吴江区黎里镇的参赛选手张建兵已经从事这一行业 18 年，今天的比赛带给他不同的感受："今天第一次和五镇的同行同台竞技，一开始有点紧张，后来慢慢进入到平时焊接时的状态，希望大家今天都能发挥出自己最好的水平。"

焊接作为加工制造业的重要基础技术与基础工艺，被广泛应用于工程项目建设中，其技术水平高低直接影响到产品的质量和使用可靠性，焊接技术的重要性愈发凸显。"这次比赛为五镇的焊接技术工人创造了一个互学互通的平台，大家聚集到一起探讨交流，对于行业水平的提高是非常有利的。"比赛的裁判长、青浦焊接首席技师谭建文说。

本次竞赛以赛促学、以赛促训、以赛促建，进一步促进了五镇联盟"共建、共培、共赛、共融"机制，弘扬了劳模精神、劳动精神和工匠精神。未来，青吴嘉三地将不断推进组织体系建设，提升职工技能、助推企业发展，为长三角生态绿色一体化发展提供坚实的人才支持。（编辑：赵菊玲）

第三章

新时代劳动和技能竞赛的组织实施

　　劳动和技能竞赛活动是工会的传统优势和工作品牌。本章通过微观视角，把竞赛划分为八个关键环节，深入分析，结合基层鲜活案例，梳理经验，旨在推动新时代劳动和技能竞赛工作广泛深入持久开展，从而实现高质量发展、强国建设、民族复兴。劳动和技能竞赛的组织实施是一项系统工程，需整合好劳动和技能竞赛的各方力量，协调好各方关系，设计好各个环节。

第一节 竞赛体制

目前，劳动和技能竞赛的内涵、功能都发生了变化，其已不仅仅是传统意义上的群众性生产活动，而是企业走向市场、参与市场竞争的有机组成部分，仅靠工会一家无法完成竞赛的组织领导工作，因此工会的角色需要从竞赛的独角戏变为主角戏，组织领导体制也由工会领导体制转变为竞赛委员会体制，形成党政挂帅、工会牵头、各职能部门分工合作，党政工齐抓共管竞赛的新局面。

劳动和技能竞赛委员会体制是指在地方或企业党委领导下，由行政领导任主要负责人，工会具体牵头，党委工作部门、行政各相关职能部门分工合作的集体负责的劳动竞赛领导体制。委员会的办公室作为常设机构设在工会，负责劳动和技能竞赛的日常组织、管理的具体工作。

劳动和技能竞赛委员会的具体领导职责是：研究确定劳动和技能竞赛的工作计划和目标，研究确定劳动和技能竞赛的实施方案，审批劳动和技能竞赛活动经费申请和使用方案，审定劳动和技能竞赛项目和活动的考核、评选、奖励、表彰方案，总结、交流、推广竞赛活动的先进典型和经验。

目前，在地方层面，全国省（区、市）建立了竞赛委员会体制，有些省（区、市）由分管工业的副省长担任委员会（领导小组）主任，副主任一般由省（区、市）总工会、人力资源和社会保障厅的领导担任，发展改革委、工信委、科技厅、财政厅等部门的有关负责人为委员会（领导小组）成员。在产业系统层面，如铁路、民航成立委员会，铁路系统纵向建立了"铁路总公司、铁路局、站段"三级竞赛领导机构，横向建立党政工团，包括人事等有关部门参加的工作机构，形成"纵横联网、上下贯通、层层有人抓、活动有人管"的竞赛组织网络。在企业层面，大多建立了劳动竞赛委员会，改变过去工会独撑劳动竞赛的局面。

"党政挂帅、工会牵头、各职能部门分工合作"的新格局已形成。其中，党委起领导核心作用，对劳动和技能竞赛把关定向，健全组织，参与计划、目标和方案的制定，宣传鼓动，以强有力的思想政治工作和党的组织、党员的先锋模范作用推动竞赛的开展；行政作为生产经营管理主体掌握管理权，提出竞赛课题，参与计划、方案审定和指挥调度各职能部门人财物等要素；工会负责竞赛的主题提出、方案起草、竞赛发动、组织实施、考核评比、宣传鼓动、表彰奖励、协调保障等具体工作。三方的优势集成有力保障竞赛的针对性、科学性、实效性和可操作性。

需要注意的是，充分认识到劳动和技能竞赛贯穿、融合、体现着单位党政工的中心工作，是党政工各项工作都需要、都离不开的有效工作手段，是单位管理行为和目标的综合体现，是单位整体行为，要形成党政工齐抓共管。同时，要进一步建立健全竞赛委员会的工作制度、机制、规范，建立健全约束管理机构、公平竞争机构等组织机构，建立健全奖励激励机制、高效运行机制等机制，建立健全组织竞赛工作制度、统计核算制度、检查考核制度、考核奖励制度、竞赛目标管理制度等规章制度，促进竞赛委员会的组织领导工作制度化、规范化、科学化，在更大范围建立、推广并不断完善竞赛委员会领导体制。

 案例

××省政府办公厅关于省劳动竞赛委员会组成人员的通知

各市、县（市、区）人民政府，省各委办厅局，省各直属单位：

根据工作需要，省人民政府决定成立省劳动竞赛委员会。组成人员名单如下：

主　　任：×××　　副省长
副主任：×××　　省政府副秘书长
　　　　×××　　省总工会主席
　　　　×××　　省人力资源和社会保障厅厅长
成　　员：×××　　省总工会副主席
　　　　×××　　省发展改革委副主任

×××　　　　省经济和信息化委副主任

　　×××　　　　省科技厅副厅长

　　×××　　　　省财政厅副厅长

　　×××　　　　省人力资源和社会保障厅副巡视员、省劳动就业
管理中心主任

　　×××　　　　省生态环境厅副厅长

　　×××　　　　省国资委副主任

　　×××　　　　省应急管理厅副厅长

　　×××　　　　省工商联副主席

省劳动竞赛委员会办公室设在省总工会，×××任办公室主任。

××省人民政府办公厅

××××年××月××日

第二节　　竞赛选题

　　劳动和技能竞赛的选题，是指竞赛围绕什么问题展开，解决什么问题。巧妙科学选题，是劳动竞赛首要工作，也是关键一步。选题正确，事倍功半；选题错误，劳民伤财、难收其效。要坚持问题导向，抓住重点、找准结合点、突出特点。

　　巧妙科学选题的基础和前提是调查研究。调查研究，是对客观实际情况的调查了解和分析研究，目的是把事情的真相和全貌调查清楚，把问题的本质和规律把握准确，把解决问题的思路和对策研究透彻。这同样适用于赛题的选定。好的选题不是凭空产生的，不是拍脑袋的产物，一定是深入进行调查研究的结果。如果不了解时代的特征，不把握企业生产经营的特点，不清楚企业工作的重点、难点和热点，不知道职工群众的心理需求和接受能力，就谈不到巧妙科学地选题。所以在选题时，一定要做足调查

研究工作。以深入的调查研究保证劳动竞赛赛在要害上、赛在根本上、赛在点子上。

一、抓住重点

劳动和技能竞赛不能把什么工作都纳入自身开展的范围，更不能碰到什么就把什么作为劳动竞赛的题目。劳动竞赛的选题过多，表面上看，似乎是丰富了劳动竞赛的内容，实际上是加重了劳动竞赛的负担，减弱了职工参加劳动竞赛的积极性。在频繁的劳动竞赛中，人们难免会产生疲惫感和麻木感，也很难调动出应有的激情。所以，劳动竞赛的选题一定要抓住重点。要围绕企业的中心工作选题，要选择那些对企业生产经营关系重大的题目开展劳动竞赛。根据完成生产经营任务的需要，抓住生产经营中的薄弱环节，组织专项劳动竞赛。如扭亏增盈竞赛、科技攻关竞赛、优质服务竞赛等，为企业排忧解难。当然，劳动竞赛的重点是随着企业的发展不断变化的，没有一成不变的重点。这就要求进行劳动竞赛的选题必须把握企业发展的脉搏，在发展变化中把握重点。

以往的劳动竞赛，多以"体力型"竞赛为主，竞赛选题的广度和深度都有一定的局限性。随着企业科技含量的增加，知识经济时代的到来，劳动者素质的提高，现在竞赛的重点已转向"智力型"竞赛。劳动竞赛的选题主要是围绕技术创新、产品创新、管理创新等方面，开展合理化建议活动，科研、质量、技术的攻关竞赛，以及围绕提高员工素质开展的竞赛活动等。

二、找准结合点

劳动竞赛是一项集生产组织管理、思想政治工作、经济手段和精神文明建设于一体的综合系统工程，开展劳动竞赛必须与主要相关工作紧密结合，在抓有机结合上做文章，这样才能收到最佳效果。具体地讲，要与生产组织紧密结合，要与科学管理紧密结合，要与民主管理紧密结合，要与宣传鼓动工作紧密结合，要与评先选模活动紧密结合，要与社会主义政治文明、精神文明、社会文明、生态文明紧密结合。要通过这几个紧密结合来保证和发挥劳动竞赛在企业生产经营、技术进步、改善管理和提高劳动者素质的重要作用。

三、突出特点

严格来说，不同行业的劳动竞赛有不同的选题特点，不同时期的劳动竞赛也有不同的选题特点。这里介绍一种"四特选题法"：时代特征、地域特色、行业特性、单位特点。

1.时代特征法。紧扣时代脉搏选择竞赛主题。比如，2020年，为进一步拓宽产品销售渠道，合肥市总工会启动2020年合肥市电商直播技能竞赛，以激发市场主体活力和社会创造力，得到职工积极响应。

2.地域特色法。围绕地域特色选择竞赛主题。比如，合肥现有以中国科学院合肥物质科学研究院为代表的各类科研机构200多个，拥有以中国科技大学为代表的各类高等院校近100所。大科学装置是科技强国之重器，是高水平科研成果的"孵化器"，也是高层次科技人才的"蓄水池"。2022年10月17日，合肥市总工会在合肥大科学装置集中区重点工程规划建设中开展以"安全工程、一流工程、绿色工程、高效工程"为主要内容的劳动竞赛和焊工技能大赛，助推大科学装置集中区项目规划设计又快又好发展，为打造优质工程、精品工程增加动力，为合肥高质量发展提供有效支撑。大科学装置集中区坚持"科技、安全、生态、国际化"的规划理念，致力布局建设一批重大科技基础设施，形成多学科交叉前沿研究设施集群。在大科学装置集中区重点工程开展劳动竞赛，有利于充分调动广大职工建设热情，通过比赛的开展，选树一批工作能力强、专业技术精的技术骨干，真正实现"劳模先进比出来、工匠标兵赛出来"的目标，汇聚起齐心协力干事创业的强大动能，努力打造世界一流的大科学装置集中区。再比如，2020年10月17日，灵璧县总工会主办，县人力资源和社会保障局、县融媒体中心、县工商联协办，县企业家协会和县工艺美术协会承办的"灵璧首届磬石雕刻技能大赛"举办。这一赛事的考量是灵璧作为著名的"中国磬石之乡"，举办灵璧磬石雕刻大赛可以弘扬灵璧特色文化、传承灵璧磬石雕刻技能，推动行业发展，培养发现雕刻技艺新人新秀，大力助推全县各行各业复工复产。

3.行业特性法。聚焦行业特性开展劳动和技能竞赛，推动行业高质量发展。以首届全国拉面技能大赛从区域走向全国为例。

2023年10月，以"提升技能水平　发展拉面产业"为主题的首届全国拉面技能大赛在海东市开幕，从偏隅一方的地方赛事升格为全国赛事。此次大赛共吸引全国31个省（区、市）71支代表队212名选手参加比赛。以办好首届全国拉面技能大赛为牵引，办出大赛"高标准"、比出大赛"高品质"、打造大赛"名品牌"，促进拉面产业做大、做优、做强，增强拉面行业从业人员的行业自尊和职业自信。粤青两省总工会以此为契机，不断加深粤青两省工会的交流合作，探索东西部之间劳动和技能竞赛合作新机制，拓宽两省技能竞赛合作范围，进一步发挥工会组织在推动贯彻新发展理念、促进高质量发展中的积极作用。本次大赛是集省际性、行业性、绿色产业型、脱贫攻坚型于一体的劳动技能竞赛，通过技能竞赛，激励拉面行业职工热爱党、爱岗敬业、团结拼搏、再创佳绩，凝聚智慧力量，为驻地和家乡经济社会发展、民族团结进步，实现全面小康目标做出新贡献。

4.单位特点法。根据单位的职能定位、作用发挥谋划劳动和技能竞赛，一方面起到宣传单位、塑造品牌作用，另一方面借助竞赛手段推动工作比学赶帮。以安徽省打造的"工会送岗位　乐业在江淮"主题劳动竞赛为例。工会作为党联系职工群众的桥梁和纽带，如何为党和政府分忧，为职工解愁，有效发挥桥梁纽带作用，安徽省总工会决定开展"工会送岗位乐业在江淮"主题劳动竞赛，整合就业创业资源，扎实推进稳岗就业工作，不断改进工作作风，提高工会组织和工会干部服务职工群众、促进企业发展的能力，在全省工会形成比服务、讲奉献、重实干的浓厚氛围。在集中行动期间，高质量完成"1252"目标任务，即提供1万家以上企业20万个以上就业岗位，举办500场线上线下招聘会，促进2万名以上人员实现稳定就业。在常态化实施阶段，统筹做好线上线下就业服务、技能培训、创业支持，精准对接企业用工和群众就业，实现就业援助和产业发展双赢。竞赛内容主要分为以下几个方面。（1）比服务能力。认真开展调研，及时掌握企业用工需求，主动收集重大项目建设岗位供需信息，调研了解外出务工人员本省就近就地就业意向和诉求，建立企业招工用工需求"清单"和劳动者求职需求"清单"，准确匹配供求双方需求。（2）比服务创新。鼓励各级工会和广大企业创新服务手段和服务方法，围绕区域特色和行业特点，有针对性地创新方法、拓展路径，采取灵活多样的方式举办线上线下招聘会、推介会、座谈会等，引导有用工需求的企业和劳动者实现供需对接，促进人岗精准匹配。积极引导企业履行社会责任，吸纳就业困难群体就业。（3）比服务保障。加强组织领导，建立工作机构并充分发挥作用，通过实施就业贷款贴息、创业无息借款等援助措施，支持创业项目。积极争取政策资金支持，承接政府培训项目，加强服务质量跟踪随访，提升职工群众满意度。（4）比服务成效。围绕工会就业援助行动工作任务，多层次、多维度开展供需对接活动，精心策划线下招聘活动，加强就业服务指导，向外出务工人员精准推送对口求职招聘信息，为用工企业匹配合适人员，帮助外出务工人员顺利留皖就业。（5）创工作品牌。坚持"明确职责定位、服务工作大局、精准确定人群、突出工会特色"的原则，运用线上线下宣传手段，广泛宣传全省工会就业援助行动，充分彰显工会担当作为，着力提升工会影响地位，努力打造成工会工作新亮点新品牌。

除上述三个方面外，劳动竞赛选题还应考虑劳动竞赛是一次性的还是连续性的，劳动竞赛参加者的智力、体力能否承受，以及劳动竞赛与全面工作的关系等。只有把这些影响劳动竞赛的因素都考虑得周到细致、处理得当，才能保证做到劳动竞赛的正确选题。

 案例

聚焦"时代特征"之全国职工数字化应用技术技能大赛

2023 年 06 月 07 日　来源：《工人日报》

当下，数据是新的生产要素，是国家基础性战略资源，也是重要生产力。数字经济是继农业经济、工业经济之后的主要经济形态，我国作为全球第二大数字经济体，数字经济总规模超过 45 万亿元，在数字经济大潮中工会组织要如何推动工会工作数字化转型，团结引领广大职工勇立潮头，在推进产业数字化、数字产业化中贡献工会智慧和力量？

全国职工数字化应用技术技能大赛决赛于 2023 年 6 月 7 日在福建福州拉开帷幕，这是首次面向数字技能应用领域举办的全国性职工职业技能大赛。来自 31 个省（区、市）和新疆生产建设兵团代表队的 264 名选手参加决赛。

大赛以"提升数字技能，更好发挥主力军作用"为主题，由全国总工会、福建省人民政府共同主办，中国职工技术协会、福建省总工会、福州市人民政府承办，致力于为广大技术工人展示技能、创新创造搭建舞台，是工会贯彻落实习近平总书记关于推进数字经济、数字中国建设重要要求，服务党和国家工作大局的具体举措。

大赛设置了焊接设备操作工—机器人、建筑信息模型（BIM）技术员、无人机操作员等 3 个决赛工种。大赛自 2022 年 7 月启动以来，各省（区、市）积极开展选拔赛、网上练兵、实操集训，有近 7000 名职工参加省级选拔，带动超过 40 万名职工参与，274 万职工实现网上练兵。决赛期间同步举办线上技能大比武，鼓励全国职工实时挑战现场选手。各工种决赛前 3 名选手，按程序申报全国五一劳动奖章。

全国职工数字化应用技术技能大赛全方位助力推动数字经济高质量发展，为培育"数字工匠"、高素质产业工人队伍建设奠下厚实的成长土壤，进一步发挥职工职业技能比赛的示范带动作用，以赛促学、以赛促训，提升广大职工数字素养与技能。（郑莉 李润钊 朱欣，有改动）

第三节　竞赛形式

一、设置劳动和技能竞赛形式的原则

劳动竞赛的内容是竞赛的核心，形式是内容得以实现的条件，是为内容服务的。设计劳动和技能竞赛的形式需要遵循以下原则。一是群众性原则。劳动和技能竞赛是群众性活动，职工群众是参与者，也是形式的创作者，许多竞赛的形式都源自职工群众。所以，要充分尊重基层创造，坚持群众路线。二是灵活性原则。劳动和技能竞赛要积极进行形式创新，因人因地因事因时制宜，充分体现行业特点、企业特点。三是小型化原则。竞赛时间太长、拖得太久，职工容易产生疲倦感，难以持久，要改变年初订计划、半年一检查、年终搞评比的模式，有针对性开展竞赛活动。小型竞赛时间短、见效快，奖励兑现也快，即便在周期长的产品项目上开展劳动竞赛，也应具有阶段性，提倡一事一赛。四是创新性原则。劳动竞赛要体现时代性，如果总是一种模式、一副面孔，没有新鲜感，很难调动职工参赛激情。鼓励开展形式新颖的竞赛活动，尤其是采用互联网的形式，吸引全体职工参加。

二、常见的劳动和技能竞赛形式

1.小指标百分赛。根据生产经营的需要，设计竞赛项目比较少、目标比较明确，以 100 分为满分的劳动和技能竞赛。多适用于班组劳动和技能竞赛。

2.单项指标竞赛。以完成某项工作为目标开展的竞赛。多用于节能减排和技术攻关活动。

3.流动红旗竞赛。以班组为单位，每周设立一些生产经营竞赛项目进行量化打分，对优胜者发放流动红旗，到竞赛结束后对获得最多流动红旗的班组进行奖励。

4.同工种、同产品的对手赛。围绕相同的工种或者产品的生产需求开展的"一对一"竞赛活动，针对性强。同行式是指条件大体相同的工种、业务、设备、产品、行业组织的竞赛，可比性强，便于同行交流。

5.同行业厂（店）际赛。在同行业中将一些条件大致相当并具有可比性的厂、矿、店组织起来，开展竞赛，使其相互学习，交流经验，达到促进生产的目的。

6.岗位练兵技术比赛。立足岗位，开展以学技术、练绝活、闯关达标为目的的竞赛。

7.技术攻关赛。针对生产中出现的问题，组织技术力量进行重点突破的竞赛。

8.达标夺杯赛。设立冠名奖杯如"攻关杯""表率杯"等，对竞赛优胜者给予表彰。

9.重点工程赛。围绕经济建设和社会发展重点项目开展劳动和技能竞赛。

10.扭亏增盈赛。如以"扭亏增盈我当先"为竞赛主题，解决一批急难险重的瓶颈问题，挖掘智慧潜力，增加企业效益。

11.安全生产赛。以安全生产、减少事故发生为竞赛内容，活动内容比较丰富多彩。

12."五创"竞赛。创优、创先、创新、创汇、创佳。

13.专业技术人员赛。主要由专业技术人员参与，内容涉及技术攻关、技术创新、合理化建议等。

14.优秀厂长经理赛。在优秀厂长经理中举行的、主要以管理为内容的竞赛。

另外，基层实践也探索出一些值得借鉴的劳动和技能竞赛形式。

1.台阶式竞赛。把创本单位的历史最高水平、同行业最高水平、国际水平等作为几个台阶，或者把劳动和技能竞赛目标分为几个档次，荣誉称号分为几个等级，激励参赛职工不断进取的劳动和技能竞赛。

2.争先式竞赛。由一定层次人员参加，在一段时间内，按照相关内容组织的多种短距离、快节奏的短、平、快争先式劳动和技能竞赛活动。

3.夺魁式竞赛。借鉴体育比赛的形式，开展职工喜闻乐见、具有吸引力的技术比武、创优质、选最佳、夺奖杯、争当状元等竞赛活动，提升职工技术业务素质，可以快速发现技术骨干、业务能手。

4.自选定额升档式竞赛。这种竞赛形式把竞赛目标分成几个档次，由低到高排列，奖励也相应升档体现，一般由职工自选自报参加，这种形式较好地体现了按劳分配原则，体现了竞赛成果与物质利益的紧密结合，可以充分发挥竞赛的激励作用，鼓励职工不断向更高目标发展。

5.横向联合式竞赛。这种竞赛是指不同工种、岗位之间，为了完成同一项工作而开展联合协作竞赛。这种竞赛的总目标相同，但因各自承担的具体任务不同，因而要求不一，通过各自的竞赛，共同促进目标的完成。

6.立项承包式竞赛。这种竞赛形式引进了经济责任制的制约机制，采用合同契约书的方式。由职工提合理化建议，经过立项课题论证后，组织职工自愿承包课题并实施，按预先制定的考核标准和奖励标准进行考评。它充分体现了责、权、利的结合，以契约形式提供了发挥自己特长、技能的机会和舞台，有利于调动职工的积极性，增强劳动和技能竞赛的感召力和吸引力。

7.创先立功式竞赛。是指企业制定出不同水平的等级，分别定为一等、二等、三等和特等功档次，根据职工所达到的不同档次进行表彰的劳动和技能竞赛的形式。它把先进和立功结合起来，在创先基础上立功，在立功基础上创先，把物质利益和政治荣誉结合起来，使劳动和技能竞赛充满了吸引力。

三、劳动和技能竞赛的组织形式创新

（一）全国引领性劳动和技能竞赛

围绕国家和地区重大战略、重大工程、重大项目、重点产业，紧扣推动高质量发展深化竞赛活动，不断提高竞赛实效。

在聚焦战略性和引领性上求深化。围绕制造强国、科教兴国、创新驱动发展等国家战略，以推动振兴实体经济、重大基础设施建设、打造数字经济、绿色低碳发展、首台（套）重大技术装备研发制造以及"卡脖子"技术难题等为重点，广泛开展多种形式的竞赛活动，做到高起点谋划、高标准推动、高质量落实。

在提高竞赛组织规范化水平上求深化。坚持项目化管理，严格项目遴选标准，精心制订竞赛方案，建立完善竞赛项目库，健全信息反馈、项目督导、调查研究、评估考核、总结表彰等工作机制，强化闭环管理。加大组织力度，各级总工会突出引领性和协同性，发挥牵头协调作用，围绕国家、区域、地区经济社会发展目标开展不同层级的引领性竞赛；全国多家产业工会突出优势特色，紧盯推进产业基础高级化、产业链现代化开展竞赛，打造左右协同、高低配套、整体推进的竞赛体系。

在拓展竞赛内容上求深化。开展重大工程建设竞赛，围绕建设目标任务，以质量为核心，以安全生产为保证，激发职工劳动热情和创造活力，提高全员劳动生产率，促进项目优质高效、安全环保竣工和使用。开展创新创效、产业转型升级竞赛，推动重大项目建设、关键核心技术攻关，助力打造一流产品，提供一流服务。开展职工职业技能竞赛，结合岗位实际和生产任务开展技术比武、网上练兵，引导广大职工学习新知识、钻研新技术、创造新工艺。着眼碳达峰、碳中和目标，开展生态环保、降耗增效等竞赛，推动重点行业和重要领域绿色化改造。

在以点带面、引领带动上求深化。借助重大工程项目人才聚集、科技密集、社会影响力大的平台优势，把思想引领贯穿始终，大力弘扬劳模精神、劳动精神、工匠精神，让劳动光荣、创造伟大成为时代强音；把创新引领贯穿始终，推动核心基础零部件、关键基础材料、先进基础工艺、产业技术基础突破，带动全产业链优化升级；把组织引领贯穿始终，探索可复制、可推广的竞赛新模式新手段，为全国竞赛工作出经验、当表率、作示范。

（二）促进区域发展全国示范性竞赛

牢固树立系统观念，紧扣高质量和一体化两个关键，健全竞赛区域联动机制，推动区域发展向更高水平迈进。

紧贴区域发展目标。围绕继续推进京津冀协同发展、雄安新区建设、长江经济带发展、长三角一体化发展、粤港澳大湾区建设和"一带一路"建设等，总结竞赛经验，强化区域联动，锚定高质量、推动新发展。在重大工程建设、产业结构调整中开展立功竞赛、引领性竞赛，发挥竞赛积极作用。

建立健全联动机制。坚持资源共享、合作共赢，建立健全区域竞赛组织机制，强化组织领导。着眼常态化、一体化、实效化，签订战略合作协议，完善联席会议制度，构建区域融合、行业联合、条块结合的联动机制，做到同频共振、同抓共促。以产业发展、项目合作为纽带，发挥企业集中、产业聚集、行业相近等优势，引导市、县、乡镇、工业园区以及毗邻地区加强竞赛区域联动，开展多层次、宽领域合作，提升竞赛的聚合效应。

加大交流合作力度。加强人才培训交流合作，共享职工实训基地、技能学院等资源，举办区域性行业性职业技能大赛。加强技术创新交流合作，开展创新成果展示交流活动，创建劳模和工匠人才创新工作室联盟，组织劳模工匠开展技术帮扶，提升区域整体技术水平。加强竞赛组织交流合作，分享推广竞赛活动经验，着力研究解决矛盾问题，推动竞赛广泛深入持久开展。

(三)"安康杯"竞赛

着眼抓基层、打基础、求实效，发挥竞赛在推动企业落实安全生产主体责任、实现安全发展、控制职业危害上的重要作用。

增强职工安全健康意识和技能。配合政府或企业开展"安全生产月"、《职业病防治法》宣传周、争做"职业健康达人"等活动，协助企业落实"三级"安全教育培训，提高职工事故防范、应急处置和自我保护能力。

切实维护职工生命健康权益。以一线职工、农民工、重体力劳动职工等群体为重点，把维护职工生命健康安全作为"安康杯"竞赛的出发点和落脚点。探索在特殊条件、特殊环境下竞赛方式载体，推动加强高温、低温、有毒有害等特殊工作环境劳动者的职业健康保护。组织动员职工立足岗位开展隐患排查，建立安全生产举报奖励制度。

推动竞赛不断往深里走。探索"互联网+"模式，规范竞赛活动评选、表彰和管理，提高竞赛的规范化水平。开展安全型班组竞赛，推动班组安全管理标准化、规范化、制度化建设。把开展"安康杯"竞赛与工会组建、创建劳动关系和谐企业活动等有机结合起来，做到相互促进、相得益彰。

（四）云端劳动和技能竞赛

云端劳动和技能竞赛，是利用互联网推动劳动和技能竞赛提档升级的一项全新创新型赛事，将现代化的互联网技术同传统的劳动技能竞赛相结合，通过互联网技术对劳动竞赛阶段和参数实时管控，实现了竞赛全过程监管、全员性覆盖、全要素考核、全网络联动，为劳动和技能竞赛注入了"时代力量"。通过"互联网+"劳动竞赛，可以实现竞赛网上申报、网上督办以及网上奖惩，是"线上竞赛"和"线下实战"的有益探索实践。竞赛搬到网上，一方面通过互联网平台扩大影响力和传播度，另一方面降低参赛门槛，提升了竞赛评比的便捷性，提升职工参与的积极性，扩大参与面，让劳动和技能竞赛在职工群众的"指尖"上舞动。

"劳动竞赛微信群"作为开展网上劳动竞赛的一线阵地，竞赛全过程网上公开，技能培训网上展示，开设微信小课堂、网上策划大赛、网上读书会、网上交流研讨、网上模拟赛、视频学习等，通过网上图片、动画合集等形式展示、交流职工学习、提升技能的过程。

"专业的一站式竞赛平台"功能更为齐全，通过设置"团队管理、奖项设置、赛项建立、规则建立、赛项发放、作品评测、奖项发放、团队排名"完整的竞赛流程，同时支撑融媒体、云计算、大数据大赛等赛事。

第四节　竞赛方案

竞赛方案是竞赛实施和考核的凭证和依据，是开展劳动和技能竞赛的重要抓手。竞赛方案的好坏直接决定着竞赛能否取得好的效益。

一、竞赛方案制订的原则

一个好的竞赛方案，必须紧扣时代发展的脉搏，抓大主题、做大文章，解决单位在生产、经营、管理、服务、科研中的实际问题。应坚持以下三条。

1.坚持竞赛方案的全面性。由于竞赛方案是全部竞赛依据，因此竞赛方案在内容上必须全面。首先应认真细致搜集、综合分析整理单位及行业或者区域有关的信息资料，其次组织工会干部与有关专家进行分析论证，最后应制订一个规范、完善、操作性强的竞赛方案，内容上包括指导思想、目标、时限、组织领导、形式、范围、考核办法与考核标准、先进名额的设定与选树方式、奖励办法与奖励额度等。

2.坚持竞赛方案的民主性。这是由竞赛的群众性所决定的，一定要发动群众参加讨论，吸收广大群众的正确意见，从而调动企业职工群众参赛的热情和积极性，否则，群众没有热情，竞赛就会先天不足。需要注意的是，不同部门落实竞赛方案时要结合自身特点进行细化，尤其是在竞赛形式上要注重灵活性、时代性，比如采用线下开展、线上展示，达到职工"自转"带动工会工作"公转"的效果。

3.坚持竞赛方案的公开性。对已经编制好的竞赛方案，要通过一定的程序和形式，下发到各参赛单位，并和行政部门共同发文，这样在考核的运行当中更容易执行。

二、竞赛指标的拟定方法

1.领先指标法。这种方法要收集竞赛单位的历史领先指标，本地区同行业的领先指标，省内、国内甚至国外同行的领先指标，进行对照比较，从而确定本单位劳动竞赛的指标。通过认真细致搜集本单位本企业建设和发展的基本资料和主要信息，使劳动竞赛的考核和企业管理的运行同步，使成果的比较和交流具有合理性和科学性。

2.管理人员评议法。这种方法是由负责组织竞赛的工会领导人召集企业中的有关方面管理人员，如计划管理人员、生产管理人员、财务管理人员、技术管理人员以及长期从事劳动竞赛的工会工作者，召开专门会议对劳动竞赛的有关问题进行充分讨论，在此基础上确定竞赛指标。

3.德尔菲法。德尔菲法也称专家意见法，做法是由竞赛的主管部门向一定范围、一定数量的专家发出征求竞赛指标意见，然后将各个专家的意见归纳整理，列出各种预测意见和因由，再反馈给各位专家。经过多次反复的循环，意见逐渐集中，最后筛选出比较一致的竞赛指标。

三、竞赛方案的决策方法

不同竞赛方案，孰优孰劣，难以取舍。这里介绍两种基本的方案决策方法。

1.主观决策法。直接利用人的知识、经验，根据信息资料，提出决策目标、系数并对方案做出评价和优选。这种定性决策法灵活、简便，能够动员广大职工参与，对调动职工的参赛积极性，增强职工的主人翁责任感能起到很好的作用，是劳动竞赛中最常用的决策方法。

2.决策树法。这是一种定量决策方法，以决策为对象，将各种方案和自然状态分解开来，形成树状结构，由自然状态引出各个分枝叫概率枝，由决策点引出的方案分枝叫决策枝。通过定量计算，比较各决策枝的期望值而择优选择决策方案。这种决策方法能够清楚明了地敞开思路，对方案的执行结果有明确的量化指标，有利于决策者对几种不同方案的分析、判断，因而也是劳动竞赛中常用的方法。

 案例

××公司开展"××杯"小指标劳动竞赛方案

为坚持全心全意依靠工人阶级的方针，积极响应股东方"百日攻坚创效"行动，贯彻落实公司党委、上级工会及公司一届三次职工代表大会暨××年工作会议精神，进一步深化以小指标劳动竞赛为主要载体的创新创效创优活动，组织发动广大职工坚定信心，振奋精神，紧紧围绕"化工稳产、煤矿

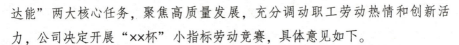

达能"两大核心任务，聚焦高质量发展，充分调动职工劳动热情和创新活力，公司决定开展"××杯"小指标劳动竞赛，具体意见如下。

一、竞赛主题

以践行新发展理念为引领，团结引导广大职工建功立业，持续开展"当好主力军、奉献在岗位、建功创一流"主题劳动竞赛，建设新型职工队伍，推进"工人先锋号"的创建，加强班组建设，引导员工增强责任心、执行力、基本功，立足岗位建功立业。

二、竞赛目标

"××杯"小指标劳动竞赛的目标是：紧紧围绕"化工稳产，煤矿达能"两大核心任务，响应股东方"百日攻坚创效"行动，聚焦高质量发展，实现各生产装置的降本、增效、提质、创优。

三、时间安排

20××年×月至××月

四、参加单位

各运行部及生产中心。

具体包括：煤气化部、甲醇部、烯烃部、公用工程部、储运部、分检中心、电仪中心的各个生产班组，包括业务外包单位的生产班组。煤矿板块竞赛方案由煤矿分公司负责。

五、竞赛内容

主要内容是，各运行部及生产中心围绕装置稳产和降本增效，开展"六比一保"活动，形成比学赶帮超的新热潮。通过开展"六比"，确保装置实现"安稳长满优"运行。具体如下。

（一）比工艺指标。按照公司下达的工艺卡片要求，合格率公司级100%，运行部级95%以上，装置级工艺指标由各装置明确。主要是从工艺指标合格率及平稳率两方面进行考核，并考核关键设备运行率和平稳率。

（二）比增产降耗。以设计指标为依据，通过各班组精心操作及优化调整，以提高产量来保证物耗的降低。主要考核吨产品原料消耗及产品收率（或物料的损失率）。同时强调上个班为下个班创造良好的操作条件，对人为设置不利于下一班操作的进行扣分。

（三）比节能减排。以公用工程设计消耗值为依据，通过优化操作，减少水、电、汽（气）、风等消耗。同时对各装置内存在的"三废"情况加以比对。

（四）比产品质量。产品质量指标达标。落实全面质量管理理念，坚持上一道工序的质量是保证下一道工序质量的前提，积极为下一工序提供高品质的原料。

（五）比安全环保。确保生产系统的安全可靠性和环保装置的运行稳定性（包括设备）。不发生操作事故、人身事故和环保事故。

（六）比现场管理。操作室（含 DCS 中控室、外操室）卫生整洁，桌椅茶杯等定置摆放。操作现场及检修现场有序规范整洁。

"一保"就是，确保装置实现"安全稳定长周期满负荷优化"运行。

各个运行部（中心）可结合自身特点制订活动竞赛方案。要以班组为单位，对照"六比一保"内容，找出差距，制订竞赛方案。方案制订要体现数量化和可比性，要根据不同岗位特性采用日对比、周排名、月评比等方式比指标、比技能、比作风，赛出员工队伍精气神。

六、组织领导

（一）公司成立公司劳动和技能竞赛委员会

主　任：×××

副主任：×××　×××

成　员：×××　×××　×××　×××　×××　×××

　　　　×××　×××　×××　×××　×××　×××

（二）竞赛委员会下设小指标劳动竞赛办公室，负责小指标劳动竞赛活动的日常组织管理工作。

主　任：×××　×××

成　员：×××　×××　×××　×××　×××　×××

七、职责分工

（一）各参赛单位职责

1.负责做好本单位小指标劳动竞赛方案制订、组织发动、舆论宣传、具体实施和竞赛总结工作；

2.负责做好小指标劳动竞赛各项工作的落实，加大竞赛活动自查、自控力度，配合做好竞赛考评工作。

（二）各部门职责

各部门要按照《××公司20××年"××"杯小指标劳动竞赛意见》要求，制订落实方案，做好任务分解，组织好考评考核。

1.工会：负责小指标竞赛活动的组织，提出总体意见和方案，牵头开展竞赛考核工作；

2.团委：负责组织青年积极参加竞赛，并开展突击活动；

3.生产经营部：负责竞赛活动情况的汇总统计工作；

4.党群工作部：负责竞赛期间的宣传工作；

5.技术质量部：负责竞赛技术质量指标的设计审核及目标完成情况的考核；

6.安全环保部：负责竞赛 HSSE 目标完成情况的考核；

7.生产计划部：负责煤化工板块竞赛进度及控制目标完成情况的考核；

8.设备工程部：负责设备运行情况的考核；

9.煤矿分公司：负责制订煤矿板块的小指标劳动竞赛方案。

八、项目管理

在 2019 年开展小指标劳动竞赛的基础上，运用持续改进理念，把小指标劳动竞赛参照运营转型项目进行管理。

（一）立项（×月上旬）

坚持以问题为导向，紧扣"降本、增效、提质、创新"目标，认真分析生产、经营、管理现状，确定竞赛项目内容和目标。

（二）实施（×—××月份）

1.制订竞赛方案，明确竞赛指标，落实具体措施，并于×月××日前报公司竞赛办公室备案审核。各单位可借鉴参照 2019 年开展较好单位的经验。

2.制订小指标竞赛推进计划，落实责任人，明确完成时间、检查时间和频率。

3.达到目标后，及时对小指标劳动竞赛进行总结。

（三）评估（××—××月份）

1.根据竞赛形成的输出物（方案、具体措施、完成值、SOP 等），固化小指标劳动竞赛项目流程和有效做法，编写竞赛案例（附件1）。

2.建立效果评估机制，填写小指标劳动竞赛效果评估（附件2），对每项竞赛内容、完成情况、固化措施等进行效果评估，并经过生产、设备、安环、财务等管理部门的认可。

九、竞赛要求

（一）强化组织领导

各分工会要切实承担起竞赛活动具体组织者的职责，制订分工会的竞赛方案，组织领导小指标竞赛的开展。要结合不同单位、不同岗位的具体情况，设计竞赛方案、制订竞赛指标，做到区别对待，对症下药，不搞一刀切、一锅煮、一勺烩。竞赛方案要及时上报公司工会及竞赛办，公司将对各单位方案进行审核和指导，引导小指标劳动竞赛有效开展。

（二）做好跟踪管理

各分工会在小指标劳动竞赛过程管理中，一要跟踪竞赛进展情况，做到日检查、月分析，确保竞赛指标完成；二要深入现场，落实竞赛的相关措施，确保竞赛取得成效；三要定期召开竞赛推进会，及时做好进展情况的小结和评估，激发劳动竞赛热情；四要做好竞赛进展记录，完善相关基础工作，保留相关资料备查。公司工会将对小指标竞赛的组织实施进行中间检查，督促小指标竞赛的开展。

（三）总结推广经验

各分工会要及时总结好的做法形成工作经验，及时纠正存在问题与不足，发挥示范带动作用，提高竞赛水平和效果。

上年度活动开展较好的单位，一方面要认真总结经验，找出问题，完善措施；另一方面要做好传帮带，引导新启动单位开展好竞赛活动。公司将适时召开小指标劳动竞赛经验交流会，推广典型经验，促进小指标竞赛管理的共同进步。对涌现出来的典型事例和典型人物大力进行宣传，形成比学赶帮超的良好氛围。

（四）倡导全员发动

劳动竞赛系列活动是一种群众性活动，在具体组织上，一要注重群众性与参与性，要动员广大职工全员参与，人人出力；二要重视竞争性与可比性，在不同竞赛主体（班组）之间，指标内容设置要有一致性；三要体现先进性与合理性，既要瞄准国内外和行业领先水平，也要注意具体内容上的可操作性；四要落实均衡性与全面性，避免出现有的单位热热闹闹，有的单位冷冷清清的局面。

（五）深化活动范围

小指标劳动竞赛，首先在煤化工板块各运行部（中心）率先开展。后续还将根据实际情况，有序在其余板块和系统全面推进。一是由煤矿分公司负责指导督促煤矿托管团队制订煤矿板块的竞赛方案，经公司批准后实施；二是运行部（中心）以外的部门单位，可在本竞赛意见的主题目标指导下，结合自身工作特点，提出切实可行的竞赛方案，经公司竞赛办公室审核评估后组织实施。

十、表彰奖励

（一）凡开展小指标劳动竞赛的单位均给予人均200元的立项奖。

（二）竞赛评选优秀组织奖2名，按人均400元予以奖励。

（三）评选竞赛成果案例不超过10个，各奖励10000元。

附件：

1.小指标劳动竞赛案例（模板）

2.小指标劳动竞赛效果评估

附件1

小指标劳动竞赛案例（模板）

（可另取名称）

一、基本情况

包括创新做法、取得成果、领导和职工群众是否认可等。

二、主要问题

三、改进措施

（全文 1000 字左右）

附件 2

小指标劳动竞赛效果评估

竞赛内容			
完成情况（数据说明）			
固化措施			
生产部门意见	设备部门意见	安环部门意见	财务部门意见

第五节　运行管理

　　劳动竞赛的运行是一个复杂的系统工程，必须对其实施全过程管理。从劳动竞赛的先期预测、竞赛目标的确定、竞赛形式的选择、组织方法的采用，以及竞赛的评比、奖励、宣传等方面，都要认真研究其特点，把握其规律。强化劳动竞赛的运行管理，有利于调动和发挥职工群众的积极性、创造性，使劳动竞赛的运行更加科学有序，取得更为显著的实效。竞赛组织管理得好，竞赛不仅可以达到预期目的，甚至有时能超出竞赛预期目的，达到意想不到的结果，相反，则可能前功尽弃。劳动竞赛运行管理的具体方式包括以下几点。

（一）目标管理

　　目标管理分为下达目标和落实目标。一要做到指标到人。竞赛的目标确定后，必须把竞赛的指标层层分解到车间、工段、班组，最终落实到个人。这有利于将不同层次的所有职工动员起来参加竞赛；使参赛者人人有责任、有压力，便于考核参赛者。二要做到管控精细。群众发动起来后，竞赛组织者就要加强监督管理、抓住关键环节。要经常了解竞赛进程，掌握目标完成情况，找准影响目标实现的关键问题和薄弱环节，对落实过程中出现的难点、疑点和问题，及时加以解决和纠正。从思想上、物质上、技术上、人员上保证竞赛沿着既定的目标前进。三是营造竞赛氛围。竞赛氛围的营造可以极大激发职工的主人翁意识。竞赛启动仪式现场的彩旗飘飘、领导致辞、代表宣誓激发职工创造潜能。根据本单位的实际，开展形式丰富的竞赛活动，形成立体交叉的竞赛网络，使广大职工始终处于一种特定的竞赛环境之中，始终保持竞赛热情经久不衰。还可以通过竞赛活动的持续报道营造网上宣传热潮。如用微信公众号系列报道竞赛全过程，图文并茂、有数据支撑、有经验分享，通过过程中先进典型的宣传带动其他部门的比学赶超，起到示范引领作用。

（二）信息管理

劳动竞赛的信息管理，就是向竞赛的组织者和竞赛的单位或部门提供有用的信息。它由管理系统收集有用的数据，对材料、设备、技术设计、资料、财力、人力等资源建立正确的数据和处理，形成报表、文件、统计数据、图形、曲线等输出，以便管理人员和领导有效地利用这些资源做出决策或修改决策。信息管理的主要内容包括数据的收集和记录，数据加工，信息的存储、传输、输出、反馈等。采用日对比周排名月评比，切实把竞赛的目标与每天的生产任务紧密结合起来，实现数据实时更新，劳动和技能竞赛的过程管控变得科学高效，量化考核变得更有信服力。

（三）工作管理

劳动竞赛的工作管理，主要指日常的组织管理，即行政管理。既可以由企业行政直接管理，也可以由企业工会组织管理，主要包括以下内容。

1.建立竞赛工作制度。如竞赛会议制度、竞赛组织机构工作章程制度、竞赛检查考核制度、竞赛表彰奖励制度、竞赛信息反馈制度、总结推广经验制度等。

2.抓细基础管理制度。在竞赛过程中，要重视原始记录，按规范化的表册、台账做好记录，这样便于定量分析，有利于总结评比，并为以后判定产量、质量等各项指标提供资料依据。

3.抓实日常检查分析。在竞赛过程中，班组长要经常对竞赛情况进行检查，并将检查结果作为最终评比的依据或参考。在检查过程中，对指标上不去，或者发展不平衡的情况要及时分析，提出改进措施，使竞赛健康发展。

4.抓好统筹协调工作。竞赛开展后，群众的积极性调动起来了，各种指标有可能出现不同程度的突破，出现不平衡，这就要求各级组织机构要注意做好协调工作，加强同有关部门或兄弟班组的联系，争取各部门和竞赛班组的配合与支持。同时，在班组内部也会出现不平衡，班组也要加强内部协调，组织互帮互学，使全组竞赛目标能均衡而有节奏地得以实现。

（四）劳动管理

劳动管理是对参加竞赛的劳动者及其活动的管理，是竞赛中有关劳动方面的组织、计划控制工作的总称。劳动管理分为竞赛总体劳动管理和班组劳动管理两个层次。

总体劳动管理是指宏观的劳动管理，是上级机关、主管部门或整个行业、企业集团的管理。它主要包括竞赛劳动者的组织、分配、使用、培训、考核、奖惩和劳动定员、劳动定额、劳动工资、劳动保护工作，以及建立健全劳动管理机构和制度等。总体劳动管理的作用，是通过对从事生产劳动的人的管理，不断研究和调整劳动过程中人与人之间的关系和个人消费的分配关系，调动劳动者的积极性和创造性，促进生产的发展。总体劳动管理的任务是在竞赛中合理组织劳动，节约使用劳动力，正确贯彻各尽所能、按劳分配的原则，实行劳动分工协作，充分利用劳动时间，提高劳动力素质，保证生产安全，使劳动者与劳动对象、劳动工具实现最佳组合，提高劳动生产率。

班组劳动管理是微观活动的管理，是指班组根据竞赛和总体劳动管理的要求，对本班组劳动分工和每个成员合理组织、有效利用、严格控制、加强教育的全面管理过程。主要包括以下方面的工作：掌握劳动定员；贯彻劳动定额；搞好劳动调配；改善劳动组织；充分利用工时；提高劳动效率；严格劳动考勤；巩固劳动纪律；依照劳动贡献、实行按劳分配。

（五）心理管理

曝光效应是描述人们更喜欢经常接触的事物这一倾向的术语。心理学家罗伯特·扎荣茨对曝光效应做了大量研究，发现曝光效应是一个普遍的认知倾向——只要让受试者多次接触不熟悉的刺激（不管是字词、图片还是听觉刺激），他们对该刺激的评价就要高于其他没有接触过的类似刺激。这一认知倾向同样适用于对生活中的人和事物的认知。基于此原理，单位可在劳动竞赛中设定大讨论活动环节，拟定大讨论提纲，深入开展大讨论，让参赛人更多地了解劳动竞赛，以便使参赛人员更愿意投身劳动竞赛中。比如制作"大讨论活动考核评分表"，要求全员参与大讨论，大讨论活动考评得分合并计入参赛单位或项目劳动竞赛考评分，作为竞赛活动考核依据（见下表）。

大讨论活动考核评分表（样例）

序号	考核内容	考核评分标准	标准分	自评分	考核分
一	有部署	参赛单位或项目根据通知要求，组织开展主题大讨论的，得10分，未开展大讨论活动的，不得分。	10分		
二	有落实	讨论内容围绕主题，参加活动人员覆盖面广泛，讨论活动记录台账翔实，得5分，讨论活动开展记录不规范的酌情扣分。	5分		
三	有结果	开展讨论活动需形成成果结论，并在此基础上形成具体方案，得5分，未形成讨论结果和具体方案的，不得分。	5分		
备注	大讨论活动考评总分为20分，得分合并计入参赛单位或项目劳动竞赛考评分，作为竞赛活动考核依据。				

大讨论活动可以为劳动竞赛的开展营造良好的氛围。通过设计科学合理的"大讨论活动提纲"，组织职工对劳动竞赛开展的意义、重点以及要解决的问题等进行讨论，能够提升竞赛的针对性、时效性和群众性。以某建筑公司的大讨论活动讨论提纲为例，可以设置如下问题。

1.劳动竞赛的开展，对项目安全、工期、产值、质量的促进作用；对企业提升市场竞争力、实现效益的推动作用。

2.开展党史学习教育，对弘扬劳模精神、劳动精神、工匠精神，掀起劳动竞赛热潮，助力工程建设和高质量发展的重要意义。

3.劳动竞赛的开展，对调动职工积极性和创造力，团结队伍，发现锻炼优秀人才，职工共享发展的积极作用。

4.如何契合新时代新要求，创新竞赛方式，科学制订竞赛方案，制订具体措施，强化工期意识，激发职工劳动热情；如何强化过程管理，保障竞赛计划、措施、考核、评比、奖励有序开展，确保竞赛活动见成效。

5.如何积极推广新技术成果及建筑行业先进技术，切实解决基层项目重点技术难题；如何运用 BIM、人工智能、无人机、区块链等新技术，推动智能建造、绿色建筑，加快建造方式转变，促进建筑品质提升。

6.梳理项目工期、质量、安全履约等情况，梳理项目生产经营中亟待解决的焦点难点问题，结合劳动竞赛活动的开展，谈谈下步工作如何开展、好的经验做法及需要的支持等。

7.结合单位项目建设的典型事例，谈谈因项目工期延误造成的不良后果和教训；谈谈项目高标准履约对后续市场经营及树立业界影响力的现实意义。

案例

中安联合小指标劳动竞赛系列报道之四

——甲醇部分工会：细化指标紧贴能耗　促进大横班竞赛联动

2023 年 04 月 10 日　来源：中安职工之家

2022 年，甲醇部分工会进一步深化创新"中安杯"小指标劳动竞赛赛制和内容，实行大横班联动机制，充分调动广大职工的积极性、主动性和创造性，引导激励全体职工主动作为、大有可为。

一、指标科学化，激活班组赶超动能

为使"中安杯"小指标劳动竞赛赛出水平、赛出质量，分工会深入倒班班组，聆听职工心声，明确岗位生产需求，优化各项竞赛指标，激活班组竞赛活力。

在延续 2021 年重点指标竞赛的基础上大胆创新，紧扣"优化催化剂末期运行，降低能耗、物耗"主题，利用现有资源实施"小、实、新"等一系列举措，进一步加强大横班联动，寻找最佳工况。

1.净化装置针对上下游工况变化、生产波动，增加关键指标产品质量占分比重，竞赛结果更加合理、公平。

2.合成装置优化运行工况，做到了回收循环气热量和稳定气冷反应器温度的最佳模式，大幅度降低装置能耗。

3.硫回收装置对催化剂床层温度、尾气焚烧炉燃料气用量、吸收塔 PH 值控制等关键参数和指标实施重点管理，激活班组竞赛动能。

二、赛制创新化，激发全员降耗动力

2022 年，劳动竞赛评分标准增加多项综合指标，班组通过平衡各项指标，逐步摸索出最佳工况，激发全员节能降耗动力。

1.净化装置

将综合能耗作为考核班组能力的主要指标，提高能耗指标在竞赛中的比分。将高压蒸汽能耗纳入竞赛内容，促进班组精细化操作。将每日取样的合格率纳入竞赛内容，督促班组及时调整生产工况，提高产品质量。对造成甲醇合成气放空、尾气异味、污水超指标等安全环保事件和被现场检查通报的，采取扣分考核。对发现安全隐患、设备故障、工艺异常等情况和制止违章的，进行加分奖励。

2.合成装置

寻找装置运行"高效"与"节能"最佳契合点，逐步摸索寻找末期最佳工况，产蒸汽甲醇比由 1.17 提高至 1.25。装置主任带头定期宣讲公司文化理念和发展形势，鼓励员工立足岗位、勇担重任。更新岗位大练兵题库，加强对员工的岗位技能和安全操作规程的学习培训，形成竞赛促员工素质提升、员工素质提升促目标实现的良好局面。

3.硫回收装置

分公司级、运行部级、装置级三级对关键指标的合格率、平稳率实施精细化管理。将参数控制范围收窄，促使操作人员精细操作，工艺指标合格率不断提高。

三、现场标准化，激起装置焕新动量

创新赛制收获了工艺、设备、安全、卫生等各方面共赢的良好结果，全流程工艺得到了优化的同时，现场面貌也焕然一新。鼓励激发员工，提升巡检质量。全年共发现安全隐患 500 余处，申报即时奖励 130 余次。日常督促配合施工作业队伍做到工完料净场地清、定期清理机泵卫生、随手捡起地面垃圾。

四、横班联动化，激励上下游统一动作

分工会加强大横班组织力量，促进上下游精诚合作，主动促进大横班竞赛联动制度的形成，职工劳动热情和创新活力得到充分调动，专项劳动

竞赛合成环路放空次数减少70%。

大修前期，作为净化装置外供高压锅炉水的唯一用户，硫回收装置反应器床层吹硫时蒸汽发生器汽包锅炉水的用量仅有2t/h左右。

8月6日，硫回收结合装置停工进度安排配合净化停用高压锅炉水泵。下午17时，待蒸汽发生器汽包压力降至1MPa左右后，外操将低压锅炉水管线导淋经预制管道跨线成功引入高压锅炉水管线，净化装置随即停用高压锅炉水泵。

整个过程两装置积极沟通，硫回收降低汽包压力前告知净化，净化停泵前提醒硫回收注意压降，职工们相互配合，大横班联动效果充分彰显。

竞赛取得成效：装置平稳率由2021年的97.7%提升到99.2%，公司级指标合格率由98.8%提升到100%，净化装置综合能耗下降1.12%，实现了装置安稳长满优运行。

未来展望：1.继续围绕公司各项重点任务和生产经营目标，不断提高职工活力，完成生产任务；

2.做好技能培训和岗位练兵，促进劳动竞赛工作再上新台阶；

3.培育更多的技术能手、节能好手和增效强手；

4.持续推进大横班联动，贡献团队力量，深化降本增效；

5.做好"严细实"作风建设，做到严字当头、细字当先、实字当家。

（甲醇部分工会）

第六节　评比奖励

每一轮竞赛结束后，要对竞赛活动进行全面系统总结。通过总结，使竞赛活动中带有规律性的环节和指导性的经验得以推广和应用，并找出薄弱环节，以便在今后的竞赛中加以纠正。总结是开展评比和表彰的基础与前提。

一、总结的原则

总结是在一个时期、一个阶段对学习和工作生活等情况加以回顾和分析的一种书面材料。劳动和技能竞赛工作总结，一是突出问题导向，针对竞赛过程中的薄弱点，深度分析，找出制约因素，发挥集体智慧，逐个突破。二是突出经验推广。竞赛中一些先进工作操作法、先进的管理理念、科学的工艺流程等要加以复制推广，发挥竞赛的放大效应。三是突出思想交流。竞赛为部门之间、公司之间甚至区域之间架起了一座沟通的桥梁。通过交流，分享经验、加深感情，深度合作、优势互补，发挥竞赛的合力。四是突出迭代创新。规范、持续的总结有助于竞赛的深入开展。总结的要素一般包括开展背景、主要做法、问题不足、原因分析、特色亮点、下步计划等内容。持续则要求对每一次竞赛进行跟踪报道、深入分析，以期不断迭代、发挥实效。

二、评比的原则与方法

评比是对竞赛成果的反映，是及时总结先进经验、推广先进技术的重要方式，是奖励竞赛优胜者和鞭策帮助后进者的重要渠道，是竞赛成果的固化阶段，其总结成效如何直接决定了下一次劳动和技能竞赛的开展情况。评比作为劳动竞赛一个十分重要的环节，应坚持以下原则。一是公平公正公开原则。坚持凭数据、重实绩原则，进行数据化、规范化和科学化运作，通过记录台账、做定性定量分析等工作，做到贡献和奖励相统一，劳动成果与物质利益和社会荣誉相统一，实现公平公正。二是平衡社会需要与个人需要原则。劳动竞赛在人们物质需求和精神需求结合上产生了催人奋进、奋发向上的巨大动力，成为广大职工参加竞赛、争做贡献、为现代化建设立功的行动自觉，这也是劳动竞赛巨大吸引力源泉所在。在计划经济条件下，劳动竞赛往往只强调社会需要原则，忽视职工个人物质利益的需要，只讲贡献，不讲报酬，对待先进人物只要求发扬风格，结果造成先进吃亏、劳模难当。当今，随着社会主义劳动竞赛的推深，应平衡社会需要和个人需要，把人民对美好生活的向往作为评比的重要导向，实现多劳者多得、技高者多得，让劳动光荣、技能宝贵蔚然成风。三是时代性原则。劳动竞赛本身就是创造性劳动。在总结评比时，要把那些符合时代要求、代表竞赛和生产技术创新发展的先进成果、先进经验、先进人物评比出来，以昭示人们行动的方向。同时，劳动竞赛总结评比本身也要与时俱进，创新评比观念、评比条件、评比制度的方法，从而使竞赛这一模式永葆创新魅力。

三、奖励的原则和方法

（一）劳动竞赛奖励的原则

劳动和技能竞赛的奖励原则，一是物质奖励与精神鼓励相结合。物质奖励既体现"按劳分配"原则，又能振奋被奖励者的精神和干劲。精神鼓励，是通过表彰先进、树立旗帜、授予"先进模范"称号、颁发荣誉证书和奖状等群众喜闻乐见的形式给予肯定，能够培养人们的共产主义劳动态度。两者相结合原则有着坚实的社会学基础，在社会主义条件下，物质利益和精神追求仍然是劳动者参加劳动竞赛的内在动力，这是劳动竞赛奖励应遵循的最基本原则。二是责权利相结合。其实质是把竞赛奖励同职工所承担的经济责任和实现的经济效益紧密挂钩，真正体现多劳多得、技高多得，真正尊重不同层次劳动者的利益，打破平均主义。三是个人奖励与集体奖励相结合。首先根据集体绩效来奖励突出的集体，提高声誉，再根据为实现总体目标的贡献大小奖励突出的个人。两者相结合有利于打造利益共同体、命运共同体。四是奖励制度与考核制度相结合。建立劳动竞赛实际绩效考核制度，并相应建立统一的奖励制度，真正把奖励与实际工作成绩连在一起，该奖多少就多少，不该奖的一分都不照顾，切实发挥激励导向作用。五是一次性奖励与不断变换手段相结合。除采取授予荣誉称号、照光荣相、登光荣榜、上光荣台、发荣誉证等方法外，还要为进一步增强先进模范人物的事业心、荣誉感和责任心而变化奖励手段，以强化对其的正面刺激，如组织报告会，与奖金、浮动工资、提干、培训、疗养等切身利益挂钩。这种不断施加多种强化的奖励手段可以巩固被奖励者的行为和思想，从而取得树起一批就站稳一批的成果。六是重奖和普奖相结合。重奖就是对在劳动竞赛中有突出贡献者在物质上予以重奖，在精神上予以高层次荣誉奖励，如记功、晋级、评选劳动模范等。普奖则体现在按照竞赛方案进行奖励，只要达到了竞赛奖励标准的就给予奖励。两者相结合较好地体现了"多劳多得，按劳分配"。

（二）劳动竞赛奖励的方法

劳动竞赛的奖励是一门艺术。一是奖励内容紧贴职工需求。表现在奖励的内容要与受奖者的心理需求相接近，奖品的实用性要与受奖者心理的追求目标保持协调和平衡。在奖励问题上，资金不在多少，关键是用得巧不巧。奖金再多，如果违背了受奖者的合理需求，未必能发挥激励的作用，收到较好的效果。如果能把物质奖励和荣誉奖励巧妙地结合在一起，把有限的奖金用好用活，就可以提高奖励的激励作用。二是奖励时机紧跟竞赛节奏。一般选在人们的精神高涨时进行表彰和奖励，选在"一个大的竞赛活动结束，第二个大的竞赛活动即将开始时"为宜。既是对先进人物在上一个大的竞赛活动中成绩的肯定，又是对下一个大的竞赛的动员和鼓动。

第七节　选树典型

先进典型可以成为一个时期、一个阶段的工作标准和精神高地。选树先进典型工作是一项系统性社会工程，是先进典型从培养到发展的全过程，是教育、引导、激发人人奋发向上的有效手段。应坚持选树的原则和标准，使典型作用的发挥和影响效果更加广阔、更加突出和更具时代感。

一、选树劳动竞赛先进典型的原则

1.坚持时代性。站在时代的高度，注意发掘和培养先进典型身上所具有的时代的导向性、广泛的群众性和实践中的可效仿性。先进典型必须置身于时代前列，既要体现时代精神，又要发挥时代作用，教育人、影响人、鼓舞人。

2.坚持群众性。先进典型的根基是广大群众。坚持"从群众中来，到群众中去"的工作路线培育和检验先进典型。选树先进典型必须有群众的广泛认可，必须接受广大群众的检验；培育先进典型必须创造不脱离集体的条件，避免其失去群众基础；引导先进典型永葆谦虚好学的作风，不居功自傲。

先进典型产生于群众又必须回到群众中接受群众的检验，一方面不断提高先进典型的自身素质，另一方面在群众检验中发挥典型的先进作用、榜样作用，激励更多的人向典型学习，形成先进群体。

3.坚持实践性。在实践中培养先进典型是一项长期的工作。一个先进典型的成熟有时需要几年或更长时间，而在条件允许的情况下，先进典型的作用也将会延续几年、几十年甚至更长时间。所以，对先进典型必须做到有计划地培养、有目的地使用、有规范地管理，使先进典型能够经得起实践的考验、时间的检验。

爱护先进典型的最好方法，绝不是把先进典型与实践隔离，或让先进典型高居群众之上，而是把他们放在实践中，放在先进典型所处环境中的生产、生活、工作、学习等具体活动中，放在丰富的社会实践中，推动先进典型实现自我提高、自我完善。

二、推广劳动竞赛先进典型的方法

1.实事求是。真实是先进典型的生命。按照客观事实的本来面目反映先进典型，不附加任何外来成分，是推广先进典型最基本的唯物主义态度。脱离真实或超越真实的推广和宣传，都是对先进典型工作的不负责任。先进典型的先进思想、创新精神，最初都是以最朴素的情感、从最细微的小事开始的，正所谓"细微之处见精神""平凡孕育着伟大"。在先进典型的不断学习、思考和各种其他客观条件的促进下，"细微""平凡"经久积累，逐步升华。

2.解放思想。敢于冲破旧的先进典型工作模式，修正人们对身边先进行为"出风头、赶潮流"的陈腐保守偏见，加强社会主义精神文明建设，通过崇尚先进、学习先进，达到"春色满园关不住"。可利用新媒体向群众推广先进典型，产生"明星"效果，创立新的社会风尚。尤其是领导干部要率先垂范宣传先进典型，弄清其精神实质，带头宣传，积极推动，从而产生特殊影响，更加真切地为广大群众所认识、所接受。

3.委以重任。把先进典型放到较关键的岗位上来，使其思想认识和工作热情得到更加充分的发挥，进而带动影响更多的人共同实践其独到的认识和方法，扩大推广先进典型的效果。

4.先点后面。一个好的先进典型就像一粒优良的种子，需要认真地培植和繁育。采取小区实验逐步推广的方法，把先进典型经验有针对性地首先在一个较小的范围内进行推广，使这一有限范围内的人们首先接受先进典型的影响并积极实践，然后在更大范围推广。在试点过程中，应处理好全面典型和单项典型、新老典型、全国典型和地方典型的关系，做到相互补充、相映生辉、相得益彰。

案例

"寻标、树人、提魂、立规、塑行、展风貌"职工文化工作法

来源：《班组天地》2018年第3期

"寻标、树人、提魂、立规、塑行、展风貌"六环节为培育新时代班组文化提供了有益的借鉴。其中，寻标是前提，树人是基础，提魂是核心，立规是保障，塑行是目的，展风貌是手段。此处以余梦伦班组为例，详细阐述新时代班组文化的全流程打造。

1.寻标，就是寻找建设强大的新时代班组的先进标准。一流的班组靠标准，二流的班组靠品牌，三流的班组靠技术，四流的班组靠产品。有了领先国内乃至国际同行的标准，才会真正成为国内乃至国际上强大的班组。作为新时代班组的核心竞争力，新时代班组文化应该首先寻找或者创造国内一流乃至世界一流的标准。作为我国第一个以院士名字命名的高科技创新型班组，余梦伦班组在建设班组文化过程中，始终将瞄准世界一流

运载火箭弹道设计团队和不断追踪世界范围内运载火箭弹道设计前沿技术作为班组发展的力量源泉和使命。

2.树人，就是树榜样，在班组中树立掌握先进标准或者创造先进标准的先进职工或者标杆职工。文化是由人创造出来的，新时代班组文化是由先进班组成员创造出来的。班组涌现出的劳模职工和明星职工就是树立的榜样。这些职工不仅对班组及其企业作出了巨大经济贡献，而且他们的励志故事和先进思想也成为班组巨大的精神财富。余梦伦班组成立以来，先后产生了余梦伦、刘宝镛两位中国科学院院士，型号总设计师王炬、CZ-2C火箭总设计师杨建民，型号技术负责人陈新民等一批中国航天技术领军人物，为中国航天人才培养作出了突出贡献。

3.提魂，就是梳理和提炼班组涌现出的劳模职工或者明星职工在平凡岗位上做出不平凡业绩过程中坚持坚守坚信的、为班组成员认可并践行的班组理念、班组精神、班组价值观等文化体系。新时代班组文化的梳理和提炼，既要考虑企业文化的要求，又要顾及职工文化的诉求。企业文化为新时代班组文化指明方向，职工文化为新时代班组文化提供动力。余梦伦班组继承和发扬"两弹一星"精神、载人航天精神和"顽强、毅力、忍耐、坚定"的院魂精神，创造了一个又一个辉煌业绩，形成了具有航天特色的班组文化，确立了"不同轨道、相同梦想、弹道有痕、进取无疆"的班组理念、"科学、精准、创新"的班组精神和"强国之需、我辈使命"的价值观。

4.立规，就是按照新时代班组文化的内容及其要求，制定相关的班组行为规范和管理制度。只有把班组文化理念固化于制，才会把抽象、笼统的口号和思想转化成可以操作和遵守的具体行为准则。新时代班组管理制度与传统班组管理制度的最大不同在于制定主体发生了变化。传统班组管理制度一般是由班组长或者企业管理者制定出来的。而新时代班组管理制度一般是由全体班组成员共同商议制定出来的，而且实行全员管理，展示每一位班组成员的价值。余梦伦班组成员共同制定的规章制度主要包括《余梦伦班组全员管理各岗位职责》《余梦伦班组专业培训和学习制度》《余梦伦班组考勤管理办法》《余梦伦班组办公行为规范》《余梦伦班组新职工培训管理制度》等。

5.塑行，就是按照班组成员共同制定出来的新时代班组管理制度，规范班组成员的日常行为和习惯。如果说"立规"是"写要做的事情"，那么"塑行"就是"做所写的事情"。新时代班组文化建设的最终目的就是规范每一位班组成员的日常行为和习惯，全面提升每一位班组成员的综合素质，从而提高班组的整体实力和竞争力。余梦伦班组的全员管理制度让每位班组成员都分担管理工作，既提高了管理效率，又锻炼了每个人的管理能力，形成了"人人有事干，人人都来管，人人都参与，人人都关心"的良好管理局面。

6.展风貌，就是展示班组成员的整体精神面貌及其班组形象。但是，展风貌只是建设强大的新时代班组的手段以及建设新时代班组文化的形式。没有前面五个环节的扎实工作，展风貌就像建在沙滩上的大楼，是不牢固的。展风貌有很多具体的表现形式。比如，班组标识、班组歌曲、班组文化墙、班组台账、班组微信群、班组展览室、班组文体活动、班组竞赛活动、班组职工书屋、班组创新工作室、班组爱心活动等等。余梦伦班组通过各种文体拓展活动的开展，增进了班组成员间的理解、信任和友谊，班组成员用自己的实际行动，将人文关怀落实到每一件小事实事之中，炎炎夏日的清凉饮料，生日之际的集体祝福，传递着班组的温馨，在无形中加深了班组成员的归属感。(乔东，有改动)

第八节　精神弘扬

新时代劳动和技能竞赛活动作为中国共产党发展生产、政治动员、建构认同、社会整合的方式和路径，其要义体现为劳模精神、劳动精神、工匠精神。新时代劳动和技能竞赛活动中所形成的竞赛文化，其核心要素可以梳理为：以劳模精神、劳动精神、工匠精神为核心；以比学帮超、创新创造为价值理念；以唯有奋斗、方有所得为共同意识；以爱岗敬业、公平公正为基本内涵。一定程度上，三个精神（劳模精神、劳动精神、工匠精神）的塑造、宣传、贯彻是新时代劳动和技能竞赛工作的深化，它形塑了一种文化，推动形成劳动光荣、技能宝贵的社会风气。

一、竞赛催生了三个精神的主体

习近平同志在 2009 年庆祝"五一"国际劳动节暨保增长促发展劳动竞赛推进大会上深刻指出，群众性劳动竞赛活动锻造了劳动模范，而劳动模范的成批涌现推动了劳动竞赛活动不断向深度和广度进军。劳动模范作为劳模精神的生产主体，广大劳动者作为劳动精神的主要载体，大国工匠作为工匠精神的生产主体，直接影响着劳模精神、劳动精神、工匠精神在社会的影响力和带动力。

通过竞赛，完善和落实技术工人培养、使用、评价、考核机制，提高技能人才待遇水平，畅通技能人才职业发展通道，完善技能人才激励政策，激励更多劳动者特别是青年人走技能成才、技能报国之路，培养更多高技能人才和大国工匠。尤其要以推动产业工人队伍建设改革为抓手，落实产业工人思想引领、建功立业、素质提升、地位提高、队伍壮大等改革措施，造就一支有理想守信念、懂技术会创新、敢担当讲奉献的宏大产业工人队伍。增强创新意识、培养创新思维，展示锐意创新的勇气、敢为人先的锐气、蓬勃向上的朝气。

二、三个精神是推动高质量发展的精神动力

党的二十大报告指出，高质量发展是全面建设社会主义现代化国家的首要任务。实现高质量发展，对弘扬劳模精神、劳动精神、工匠精神发出了强烈的时代召唤。2020 年 11 月，全国劳动模范和先进工作者表彰大会在人民大会堂举行。习近平总书记再次重申劳动模范是民族的精英、人民的楷模，是共和国的功臣。首次系统阐释劳模精神、劳动精神、工匠精神的科学内涵："在长期实践中，我们培育形成了爱岗敬业、争创一流、艰苦奋斗、勇于创新、淡泊名利、甘于奉献的劳模精神，崇尚劳动、热爱劳

动、辛勤劳动、诚实劳动的劳动精神，执着专注、精益求精、一丝不苟、追求卓越的工匠精神。劳模精神、劳动精神、工匠精神是以爱国主义为核心的民族精神和以改革创新为核心的时代精神的生动体现，是鼓舞全党全国各族人民风雨无阻、勇敢前进的强大精神动力。"

作为承载三个精神的活动方式，劳动和技能竞赛的工作意义非凡、使命光荣。这就要求在开展劳动和技能竞赛中，大力弘扬劳模精神、劳动精神、工匠精神。

三、三个精神的弘扬进一步推动竞赛走向广泛深入持久

要将弘扬劳模精神、劳动精神、工匠精神同开展劳动和技能竞赛紧密结合起来，通过弘扬劳模精神、劳动精神、工匠精神，推动竞赛的蓬勃发展，把广大职工广泛吸引到竞赛中来，在关键领域、核心技术上大胆突破创新，为加快攻克重要领域"卡脖子"技术、提高产业链供应链稳定性和现代化水平献计出力。通过多途径宣传鼓动形成良好氛围，积极争取党政对竞赛工作的大力支持。

要将弘扬劳模精神、劳动精神、工匠精神与提升职工素质紧密结合起来，把提高职工队伍整体素质作为一项战略任务抓紧抓好，深入实施职工素质建设工程，引导广大职工树立终身学习理念，学习新知识、掌握新技能、增长新本领，为实施制造强国战略提供强大人力支撑和智力保证。

 案例

传承劳模精神　助力企业发展

——2022 年合肥燃气集团劳模工作的实践与探索

30 多年来，合肥燃气集团始终坚持用劳模精神激励人，以先进典型引领人，职工队伍素质不断提高，涌现出了以徐辉为首的一批先进典型，劳模群体初步形成，推动了合肥燃气职工队伍健康发展。集团先后获得全国五一劳动奖状、全国文明单位、全国模范职工之家、全国模范劳动关系和谐企业、全国职工职业道德建设标兵单位等重大荣誉。

一、明确指导原则

培养一两个劳模不是企业的目的，建设一支具有劳模精神的职工队伍才是企业的根本目标。

二、创建管理模式

经过多年的实践与探索，形成了"多渠道选树，梯队式培养，常态化宣传，全方位提高"的劳模管理工作模式。

三、实施六项措施

1.企业文化正面引导

劳模的成长离不开正确价值观的引导，离不开企业文化的熏陶。企业倡导"对用户负责、对员工负责、对社会负责"，在此基础上，形成了"让用户办顺心事用放心气""态度好，速度快，技能高"等企业文化理念。

2.生产之中发掘典型

为了让不同岗位、不同层次职工有展示自己的机会，工会持续开展多种形式的劳动竞赛。每年开展职业技能大赛、标杆班组评选等，使绝大多数职工都能参与其中。通过活动发掘先进典型，有针对性地进行培养，引导职工逐步向更高层次迈进。

3.纳入考核有序推进

劳模管理工作需要党政工团共同推进，集团党委将其纳入党建工作目标责任状，要求各党支部制订先进典型选树培养计划。在此基础上，工会好中选优，研究确定重点培养对象，按更高的标准进一步培养。

4.以老带新做好传承

为发挥劳模传帮带作用，在多个岗位开展"导师带徒"活动，促进新劳模、新工匠的成长。徐辉的同事黄坚、王瑞斌，在全省燃气职工技能大赛力拔头筹，先后获得省五一劳动奖章。2007年，经过多方位考察，安排吴雄飞到徐辉所在单位拜师学技，2015年他荣获全国劳动模范称号，实现了合肥燃气全国劳模的传承。全国五一劳动奖章获得者、抄表女工游传琴的徒弟沈思红荣获全国住建系统劳动模范；市五一劳动奖章获得者、焊接专家童乃刚的徒弟陈标荣获安徽省劳动模范称号；2020年，徐辉的90后小徒弟宗洪博也荣获合肥市劳动模范称号。

5.开发利用劳模资源

推广劳模经验。将劳模的工作经验总结、提炼，充实到相关工作规范和管理制度中推广应用。"五心服务法""六带一清一签字"服务法已成为维修工种工作标准。

宣传劳模品牌。从徐辉当选市劳模开始，公司就着手树立劳模品牌形象，使徐辉服务品牌深入市民心中。此后对每位获得重大荣誉的劳模，均制订宣传方案，让劳模的事迹家喻户晓。

推进技术创新。以劳模创新工作室为依托，开展职工技术创新。"徐辉·吴雄飞创新工作室"以服务示范创新为主，自行拍摄、制作了13个生产岗位规范操作教程，为职工培训提供了直观的视频教材。"陈标·童乃刚创新工作室"结合燃气工程建设，进行技术攻关，完成了天然气管道"带气带压"焊接等多项技术攻关，并多次获得全国燃气行业职工"五小"创新成果奖和实用新型专利证书。

6.关爱劳模解决困难

政治上重视。集团党政工领导经常到劳模所在单位，与劳模当面交流，了解劳模工作、生活情况。2016年徐辉同志达到退休年龄，公司决定返聘徐辉，继续发挥劳模作用。

生活上关心。每年组织劳模健康体检，每年向全体劳模赠送主流报刊，每年组织一线职工疗休养时，首先安排劳模参加，让劳模根据自己的意愿，选择批次和线路。

困难时帮助。根据市总政策，为退休劳模办理了劳模补助金、劳模交通卡。在劳模出现生活困难时，工会及时上门慰问，并先后破例吸收3名劳模家属、子女进入公司，解决劳模后顾之忧。

四、取得四项成效

1.先进典型不断涌现。集团先后涌现出了22位合肥市五一劳动奖章以上的先进人物。2020年10月，全总领导在合肥燃气进行产业工人队伍建设改革调研时，对合肥燃气劳模培养工作给予了"荣誉奖牌挂满墙，劳模先进排成行"的高度评价。

2.生产经营出色完成。劳模管理工作为企业培养了一批先进典型，促进了生产经营任务更好地完成。近年来，天然气管网工程建设迅速推进，用户数量不断增长，公司连续多年超额完成生产经营指标。

3.职工队伍团结和谐。通过不间断地进行劳模培养选树，在职工中形成了学习先进、争当先进的良好氛围，职工队伍长期团结稳定。

4.社会形象显著提高。通过对劳模的持续宣传，树立了合肥燃气企业形象，得到了广大燃气用户和社会各界的好评。合肥燃气成为全国唯一的一家服务五星级认证的燃气企业。

劳模是企业的荣誉，劳模是企业的品牌，劳模是企业的资源。树立劳模品牌，管理和利用好劳模资源，是企业的重要使命。下一步，企业将加强劳模管理工作，充分发挥劳模工匠示范引领作用，为城市燃气发展、为聚力打造"五高地一示范"贡献燃气力量！

第四章

新时代劳动和技能竞赛的机制建设

　　新时代劳动与技能竞赛是提高职工素质、推动企业进步、促进经济发展的重要途径，是工会围绕中心、服务大局的重要载体。加强新时代劳动与技能竞赛机制建设，对于推动劳动和技能竞赛高质量发展具有重要意义。

第一节　新时代劳动和技能竞赛的组织机制

竞赛活动要适应形势任务要求，拓宽领域、丰富内容、创新形式，增强吸引力、感召力和影响力，不断扩大覆盖面，最大限度地把各类企事业单位的职工群众吸引到竞赛活动中来。竞赛活动要以改善经营管理、推动技术进步和促进企业发展为目标，以班组竞赛为基础，以提高职工技能水平和增强职工创新能力为重点，把生产型竞赛、技能型竞赛和智能型竞赛有机结合起来，积极鼓励和引导职工诚实劳动、勤奋劳动、创新劳动。坚持从实际出发，科学安排、精心组织竞赛活动，注重竞赛实效，努力把动机与效果、内容与形式、职工素质提升、利益实现与企业发展有机统一起来，打造左右协同、高低配套、整体推进的竞赛体系。

《中华全国总工会劳动和技能竞赛规划（2021—2025 年）》指出，建立健全竞赛组织领导机构，积极争取各级党委和政府、产业链"链长"、企业负责人的重视支持，加强与行业协会、工商联、商会等的沟通协调，发挥产业工会、街道楼宇工会的优势作用，强化党政支持、工会牵头、上下联动、共同推进的"一盘棋"格局。

1.建立健全组织机构。劳动和技能竞赛是一项系统工程，必须按照科学规划、统筹安排、加强指导和认真组织实施的要求，建立健全各级劳动和技能竞赛委员会。领导小组切实加强对劳动和技能竞赛的组织领导。

2.加大组织工作力度。各级总工会突出引领性和协同性，发挥牵头协调作用，围绕国家、区域、地区经济社会发展目标开展不同层级的引领性竞赛；各全国产业工会突出优势特色，紧盯推进产业基础高级化、产业链现代化开展竞赛。

3.夯实竞赛活动载体基础。采取有效措施推动职工技术培训、技术交流、岗位练兵、技能比赛、师徒帮教和"五小"（小革新、小发明、小改造、小设计、小建议）等活动扎实有效开展，做到经常化、制度化。广泛开展以创建"工人先锋号"为载体的班组竞赛，积极引导职工立足岗位、创先争优，努力把班组建设成为能够出色完成生产（工作）任务、具有较强创新能力、管理科学、纪律严明、团结和谐的坚强集体。

第二节　新时代劳动和技能竞赛的工作机制

《中华全国总工会劳动和技能竞赛规划（2021—2025年）》指出，坚持项目化管理，严格项目遴选标准，精心制订竞赛方案，建立完善竞赛项目库，健全信息反馈、项目督导、调查研究、评估考核、总结表彰等工作机制，强化闭环管理。

1.建立全员参与机制。企业应该树立竞赛活动是日常工作一部分的正确认识和思想观念，着力扭转对竞赛活动的片面认识，改变竞赛是负担和额外工作的错误观点。实行领导推进首责制，促使竞赛活动覆盖所有班组，形成全员全过程参与的竞赛流程。要扎实开展每周一题培训、每轮班一讲改善，每月一练提高、每季度一考测评的相关竞赛活动，与企业生产经营的方方面面相结合，使竞赛活动融入生产操作和职工每日作业行为中，形成长期坚持、周期推进，阶段总结、交流借鉴、表彰奖励、增强动力的长效良性竞赛激励机制。

2.建立竞赛报送制度。各级工会要把劳动和技能竞赛摆上重要位置，定期分析研究竞赛工作。建立竞赛情况报送通报制度，加强竞赛信息交流，认真总结推广竞赛经验，搞好典型指导和分类指导。

3.重点环节把控机制。在竞赛闭环管理工作的诸多环节中，重点做好岗位练兵、技术比武和技能竞赛。在职工中开展岗位练兵活动，引导职工立足本岗位，学练技能，勇于创新，建功立业，成为技术尖子。掀起比学赶帮超热潮，培育一流人才，创出一流产品。在职工中开展技术比武活动，是群众性生产技术工作的一项传统内容，能有效提升全体职工的岗位技能和技术水平，增强职工的整体素质和战斗力，调动职工劳动的积极性，形成钻研技术、爱岗敬业的良好风气。相比岗位练兵和技术比武，职业技能竞赛坚持以社会效益为主和公开公平、公正的原则，在更高的层面与职业技能培训、职业技能鉴定、业绩考核、技术革新和生产工作紧密结合。职业技能竞赛一般分国家级、省级和地市级三个等级，工会开展职业技能竞赛不仅为技术工人提供了展现自己的舞台，也是技能人才队伍建设的主要途径之一。

第三节　新时代劳动和技能竞赛的评估机制

建立竞赛评估制度是检验竞赛成效和推动竞赛发展的有效措施。要制定科学的竞赛评估方法和评估指标体系，量化竞赛评估工作，做到科学化、规范化、制度化。

竞赛评估要着眼于提升劳动技能竞赛的水平，把竞赛方案制订、竞赛活动开展、竞赛目标任务实现等纳入评估范围，把劳动竞赛在提升职工素质、推动企业技术进步和促进经济发展中所发挥的作用作为评估重点，促进竞赛活动深入扎实开展。坚持走群众路线，充分听取职工群众对竞赛活动的意见，并把群众意见作为评估劳动竞赛的重要依据。定期开展竞赛评估工作，及时通报评估情况，把评估工作的过程作为发现典型、总结经验、查找不足、改进工作的过程。

一、地方竞赛评估机制

为了进一步推动劳动和技能竞赛深入持久、扎实有效开展，2016年全总联合有关单位组成课题组，选取天津滨海新区和上海浦东新区两个全国示范性劳动竞赛赛区作为试点，开展了劳动竞赛绩效评估工作。研究确定了劳动和技能竞赛绩效评估指标体系，制订了评估试点工作方案，设计了竞赛评估调查问卷和开发了网上调查系统。

截至2020年底，全国有20个省（区、市）建立了省级竞赛评估机制，18个省（区、市）部分地市建立了地市级劳动和技能竞赛评估机制。

下一步，全国总工会在全国各省份推广是必然趋势。开展竞赛评估工作是加强新时代劳动和技能竞赛机制建设、推动竞赛扎实有效开展的一项重要举措，是推动竞赛工作不断走向制度化、规范化、标准化的应有之义，通过自评、他评等方式，发现问题，找出不足，改进工作。具体指标体系见下表。

劳动和技能竞赛评估指标体系及说明（仅供参考）

一级评估指标	二级评估指标	评估要求	评估说明	权重分数（100）
1.竞赛组织领导（15分）	1.1 目标定位	1.1.1 适应新时代新任务新要求，以"当好主人翁、建功新时代"为主题，反映地区（产业）、企业发展战略要求，并得到党政等方面的认可	坚持创新、协调、绿色、开放、共享的新发展理念，突出质量第一、效益优先，围绕深化供给侧结构性改革推动经济高质量发展，地区（产业）、企业发展目标在竞赛文件中的体现程度，上级或同级党政部门的认可程度（以相关发文、讲话和批示等文件形式）	1
		1.1.2 以职工为中心，得到职工的认可	竞赛方案的制订和过程监督均有职工代表的积极参与；竞赛活动是否满足职工多样化需求，尊重职工首创精神，让职工当主角	1
		1.1.3 有科学、明确的竞赛目标（体现多重价值维度）	主要包括：聚集关键核心技术突破，突出质量提升，针对发展先进制造业，促进企业发展，贯彻落实《新时期产业工人队伍建设改革方案》，推动知识型、技能型、创新型职工队伍建设；坚持职工和企业"双赢"；弘扬劳模精神、劳动精神、工匠精神；促进安全绿色生产；倡导和谐劳动关系；等等	1

续表

一级评估指标	二级评估指标	评估要求	评估说明	权重分数（100）
1.竞赛组织领导（15分）	1.2 组织机构	1.2.1 建立健全竞赛组织领导机构、制度完善、运行正常	有竞赛的领导机构，如竞赛委员会或领导小组；有相应的竞赛机制、体制及全面的制度；常规化开展竞赛工作	2
	1.3 宣传发动	1.3.1 竞赛有广泛、多样和持续的宣传	广泛运用微博、微信、移动客户端等新媒体，通过多种方式，持续开展竞赛宣传	2
		1.3.2 竞赛在企业职工中的知晓度和社会的认知度	主要考查职工参与率，企业覆盖面特别是非公企业覆盖面等	2
	1.4 活动指导	1.4.1 制订竞赛的总体规划、年度计划和实施方案	是否制订长期和短期的计划以及具体实施方案	2
		1.4.2 竞赛作为工会重点工作，并纳入单位年度考核内容	在年度重点工作计划和年度考核要求等文件中是否有所体现	2
		1.4.3 对竞赛全过程给予及时有效的指导与服务	通过各种手段对竞赛提供具体指导服务，如培训、调研、现场座谈会等形式	2
2.竞赛推进举措（20分）	2.1 部署检查	2.1.1 竞赛的实施、督导和工作考核情况	竞赛部署、检查、总结、考核的工作制度和相关档案文件是否完备	3

续表

一级评估指标	二级评估指标	评估要求	评估说明	权重分数（100）
2.竞赛推进举措（20分）	2.2 基础建设	2.2.1 班组竞赛的组织、实施情况	在班组层面开展竞赛，发展班组文化、打造先进班组（如工人先锋号），劳模和工匠人才（职工）创新工作室创建、安康杯竞赛开展等情况	3
		2.2.2 职工的日常工作、职业发展与竞赛的结合情况	竞赛和职工日常工作的结合情况，竞赛的岗位覆盖率等	3
	2.3 竞赛保障	2.3.1 竞赛经费的投入强度	地方工会经费、地方财政、企业专项经费等对竞赛的投入情况，落实全总《基层工会经费收支管理办法》有关规定	3
		2.3.2 开展竞赛所需的设施设备等物质条件的满足度	竞赛的场地、设备、工具等投入情况	2
		2.3.3 竞赛组织人员的配备及培训情况	对竞赛人员的参与、训练等相关制度以及制度执行情况	2
	2.4 评估评价	2.4.1 竞赛有科学、合理的评估标准和工作制度	符合本单位要求的竞赛评估制度，评估方法、指标体系科学合理，评估内容、评估范围契合实际	2
		2.4.2 竞赛绩效评估工作举措、反馈和改进等情况	发现问题后的整改措施和效果；是否动员职工参与评估工作，是否将评估结果作为竞赛活动评先评优、推荐表彰的重要参考	2

一级评估指标	二级评估指标	评估要求	评估说明	权重分数（100）
3.竞赛绩效（40分）	3.1 职工受益	3.1.1 竞赛对职工收入增长的影响	包括工资、奖金、补贴、津贴、创新成果收益等相关收入	4
		3.1.2 竞赛对职工技能提升影响	技能晋级比例、高级技工所占比例及高级技工增加比率等	4
		3.1.3 竞赛对职工精神激励的作用	荣誉称号、政治待遇等非物质奖励情况	4
	3.2 企业效益	3.2.1 竞赛对提高企业劳动生产率的促进作用	指降低成本、增加利润的相关指标，如产品合格率、单位时间产品成本、单位能耗的降低、工艺流程及工艺方法的改进、单位时间产量等	4
		3.2.2 竞赛对技术进步的促进作用	通过职工技术创新活动获得成果（专利等）的数量，一线职工和非专业研发人员在技术进步中所发挥的作用	4
		3.2.3 竞赛对安全生产的促进作用	通过"安康杯"竞赛等活动，降低企业事故率、伤亡率、停工率、返修率等，有效促进开展安全生产培训、安全班组建设、职业病防治等工作	4
		3.2.4 竞赛对构建和谐劳动关系的推动作用	竞赛对企业文化建设、化解劳动冲突的帮助，如职工之家建设、集体合同与集体协商情况	3
		3.2.5 竞赛对建设知识型、技能型、创新型职工队伍的推动作用	职工学历的占比、职工技能等级的占比、职工提合理化建议的占比等	5

续表

一级评估指标	二级评估指标	评估要求	评估说明	权重分数（100）
3.竞赛绩效（40分）	3.3 社会贡献	3.3.1 竞赛成果的社会经济价值	创新成果的转化应用、推广情况及取得的经济价值	2
		3.3.2 竞赛对社会和谐稳定的作用	竞赛对区域内劳动争议的改善情况，区域内群体事件的减少等	2
		3.3.3 竞赛对推动生态文明建设的作用	节能减排、污染防治、生态系统保护等活动的效能指标；在职工中普及生态文明法律法规和科学知识，引导职工树立绿色发展理念，倡导简约适度、绿色低碳的生活方式	2
		3.3.4 竞赛对推动社会精神文明建设的作用	本级以上劳模和工匠人才数量，五一劳动奖、工人先锋号推荐获得情况，组织劳模和工匠人才进学校、进企业、进社区等弘扬劳模精神、劳动精神、工匠精神情况	2
4.激励机制（15分）	4.1 激励导向	4.1.1 注重从竞赛中发现和宣传典型，从一线职工中培养和选树劳模及工匠人才	在表彰中一线劳模和工匠人才的占比	4
	4.2 工作机制	4.2.1 竞赛评选表彰工作程序化规范化的实施方式与效果	坚持面向基层、面向一线、面向普通职工群众，对表彰劳模先进人物的操作程序有文件规定和具体落实情况	4
		4.2.2 竞赛的组织者和参与者对机制的认可程度	组织方、参与方、上级等对竞赛机制的满意度调查	3

续表

一级评估指标	二级评估指标	评估要求	评估说明	权重分数（100）
4.激励机制（15分）	4.3 奖励办法	4.3.1 地方和企业有无相应的奖励办法	地方政府、企业行政、工会等奖励政策，竞赛的奖励办法、奖励力度、政策落实等情况	4
5.竞赛特色（10分）	5.1 创新发展	5.1.1 竞赛重点活动、组织领导、运行机制、推进举措、方式载体等方面的特色或创新	创造的可复制可推广的经验、示范性的竞赛品牌，围绕国家、地区（产业）、企业发展战略开展的特色竞赛；按照建设"智慧工会"的要求，利用"互联网+"等现代化手段，创新竞赛的组织形式、活动内容和载体等情况	10

二、企业劳动和技能竞赛绩效评估指标体系

建立健全企业劳动和技能竞赛绩效评估指标体系，是检验竞赛成效、推动竞赛发展的重要基础。为进一步提高企业开展竞赛绩效评估工作的科学化、规范化、制度化水平，推动竞赛活动广泛深入持久开展，2020 年 10 月全国总工会劳动和经济工作部制定《企业劳动和技能竞赛绩效评估指标体系（试行）》。

该绩效评估指标体系以提升劳动和技能竞赛工作水平为目标，以创新与效率、技能与发展、地位与待遇、安全与健康、文化与影响等五个方面为重点，充分发挥绩效评估工作的"指挥棒"和检测器作用，促进竞赛组织、激励、保障等机制不断完善，推动劳动和技能竞赛广泛深入持久开展。

根据企业开展竞赛活动的"规定动作"，对关键性指标项目、权重等进行科学分类，从组织推动、竞赛行为、竞赛结果等多个维度考量劳动和技能竞赛开展情况与成效，具有较强的通用性、灵活性和操作性。使用中

应注意以下几个方面。

一是指标的调整和设计。充分考虑不同企业、不同发展阶段和不同竞赛主题等差异化要求，紧密结合企业发展、职工成长、组织者达成目标的实际，在对竞赛"规定动作"充分评估的基础上，对指标体系的项目、要素、评测点、顺序和权重等进行适当取舍、补充、调整和细化，做到"一企一表""一赛一表"，切实提高竞赛效果与企业发展战略目标的达成度、与职工成长的吻合度、与社会发展需求的适应度。

二是数据的来源和量化。竞赛绩效评估是以事实为依据的评价过程，关键在于用事实和数据说话。数据不仅指体现竞赛活动成效的具体数字，还包括事实和实证信息，可以是证书、材料、实务，也可以是"举例说明"。评估结果要以数字化的形式整体呈现，评价标准要尽量进行数字化处理或量化。对于竞赛文化这样的定性指标，可先划分若干个评分等级，对各个等级根据实际赋予恰当的分值，实现定性指标的定量化。

三是评估的对象和方式。评估对象为一定规模的劳动和技能竞赛活动，可以是企业或二级单位独立组织的竞赛活动，也可以是某项竞赛全年或一个阶段的情况。评估可以采用自评、上级单位（公司）评估、第三方评估等方式进行。

四是评估的组织和管理。评估工作原则依托企业劳动和技能竞赛委员会，由企业工会牵头组织，会同企业党办、财务、人事、技术和后勤等部门组成评估工作小组或办公室，具体负责组织、指导、监督评估工作。评估采取现场调研、会议交流、个别访谈、小组座谈、问卷调查、查看资料、社会调研等多种方式收集情况和采集数据。有条件的可以建立竞赛绩效评估专家库，邀请相关专家给予指导，提高评估工作的科学性和权威性。

五是评估的结果和使用。评估结束后形成情况翔实、全面准确的评估报告，总结经验成果、发现先进典型、分析存在问题、提出改进意见，并及时报给企业管理层。对成功经验和先进典型要大力宣传推广，不断深化企业、职工和社会对竞赛活动的认识。对绩优者要表彰奖励，提高参与者、组织者的获得感。对存在的不足要认真研究解决办法，加强与有关部门的沟通协调，推动劳动和技能竞赛广泛深入持久开展。

企业劳动和技能竞赛绩效评估指标体系一览表

评估项目	评估要素	可选取的评测点	数据来源	备注
创新与效率（20%）	创新行为（40%）	1.从创新领域上，开展职工技术创新、服务创新、管理创新竞赛覆盖率，在创新成果总数中的占比； 2.从创新类型上，开展合理化建议、技术革新、技术攻关、发明创造等职工参与率； 3."五小"活动的职工参与率； 4.每百万元营业收入（或每千万元营业收入）的职工创新项目数量、结项占比； 5.各级劳模和工匠人才创新工作室等创新团队的数量、项目及立项的比率； 6.获得各级职工创新补助资金情况。	问卷+材料	第4评测点主要通过创新项目数量在企业营收中的占比来衡量职工创新行为的活跃度；第6评测点主要从提供创新资金支持单位的级别、数量、数额反映对竞赛的支持程度，包括企业行政的资金投入。
	成果及运用（30%）	1.合理化建议数量及实施率； 2.职工开展技术革新、技术攻关、发明创造的数量和实施率； 3.职工获得发明专利数量和实施率； 4.先进操作法数量、推广率； 5.职工创新成果在企业、行业、省部级（含）以上获奖情况； 6."五小"成果数量及实施率。	问卷+材料	第5评测点包括获奖数量、获奖率及授予单位的级别等。
	创新效能（30%）	1.合理化建议、技术革新、技术攻关、先进操作法、"五小"活动成果等产生的直接和间接经济效益或其他收益； 2.通过竞赛，职工劳动成果增加量（价值增值率、成品提高率、质量提升率、效率提升率等）； 3.通过竞赛，职工劳动等生产投入节约量（人员、时间、材料、资金等）； 4.通过竞赛，企业节能降耗、节能减排产生的效益。	问卷+材料+统计	第1评测点"其他收益"属于不能直接用经济指标衡量的收益；第4评测点是与赛前相比的降耗值、减排值等。

评估项目	评估要素	可选取的评测点	数据来源	备注
技能与发展（20%）	技能培养（40%）	1.开展岗位练兵、技术交流、技术培训等活动的职工参与率； 2.开展各种形式的技能竞赛和技术比武的参与率；技术、管理、服务领域的覆盖率； 3.师带徒、企业新型学徒制实施比例； 4.通过劳模和工匠人才创新工作室、职工创新工作室等进行传帮带的数量及比率； 5.职工教育经费提取并用于一线职工培训的比例，企业行政对职工培训的投入情况； 6.职工技能展示、交流情况及收效； 7.组织农民工、劳务工参加培训的比例。	问卷+材料+调研+访谈	第6评测点包括技能展示模式、途径、类别以及影响等。
	发挥班组作用（30%）	1.开展经常性的学习实践活动班组的比例； 2."五型"班组创建比例； 3.QC小组、质量信得过班组等基层质量奖评选的参与率、获奖率； 4.获得各级工人先锋号、先进班组、红旗班组等称号的数量和比例。	问卷+材料	
	职业发展（30%）	1.职工通过岗位练兵等提高学历层次、考取职业技术资格的数量及比例； 2.职工通过竞赛晋升技术等级和职称（初级工、高级工、技师、高级技师、首席技师）的数量及比例； 3.通过竞赛获得首席员工、金牌工人、技术能手、技能大师、工匠等技术名号的数量及比例。	问卷+材料+访谈	第1评测点考察岗位练兵对职工学技术、学专业的影响度。

续表

评估项目	评估要素	可选取的评测点	数据来源	备注
地位与待遇（20%）	政治待遇（30%）	1.保障职工相关政治权利的制度建设情况； 2.竞赛先进职工进入企业管理层、当选职代会代表、工会等群团组织兼职领导、党委联系专家以及人大代表、政协委员的数量和比例； 3.参与研修考察的职工数量和比例。	问卷+材料+访谈	统计对象是通过竞赛产生的技术能手、优胜选手和做出突出贡献的职工。评估还应包括职工对通过竞赛获得待遇的满意度。
	精神荣誉（30%）	1.参与竞赛的职工荣誉制度制定情况； 2.依据竞赛选拔并当选劳模、获得五一劳动奖章、工匠等称号的比例； 3.竞赛活动后精神表彰类别及形式； 4.职工对竞赛优胜者及技术能手的认可度。	材料+调查+问卷	第4评测点重在考察荣誉的真实性、客观性和影响力。
	经济待遇（40%）	1.职工薪酬增长、福利提高等制度情况； 2.劳动竞赛奖励经费按规定提取并用于竞赛奖励以及奖金数额、增长率、覆盖率； 3.福利类别及覆盖率； 4.由劳动竞赛带来的薪酬提升、年薪制、员工持股、技术入股等奖励的员工比例。	问卷+材料+访谈	第3评测点包含工匠津贴、疗养项目、住房、子女就学等多样化待遇措施。

续表

评估项目	评估要素	可选取的评测点	数据来源	备注
安全与健康（20%）	安康意识（30%）	1.职工参与完善企业安全生产和职业健康工作制度，提出意见建议数量和比例； 2.职工对作业场所和工作岗位存在危险因素、防范措施及事故应急措施的掌握程度； 3."安康杯"竞赛活动的参与率。	访谈+问卷	突出预防为主、关口前移的原则，着重评估职工对安全健康工作的认识和防范技能的掌握程度。
	安康行为（20%）	1.职工执行安全生产和职业病防治制度规定情况； 2.安全生产和职业病防治教育职工参与率和合格率； 3.开展安全生产和职业病防治工作的班组数量及比例。	问卷+材料	
	职工监督（20%）	1.职工参与安全生产、职业健康工作监督检查、隐患排查的制度安排和执行情况； 2.职工提出事故隐患和职业危害问题的数量和整改率； 3.职工通过平等协商和集体合同制度、职代会制度等参与劳动安全卫生管理、监督的情况。	问卷+材料+访谈+调研	主要是职工对企业落实国家安全生产和职业病防治法律法规情况的监督以及职工参与安全生产、职业健康工作监督检查、隐患排查的情况。
	安康成效（30%）	1.生产安全事故起数、等级； 2.职业病发病人数、占比。	材料+调研	

续表

评估 项目	评估要素	可选取的评测点	数据 来源	备注
文化与 影响 （20%）	竞赛文化 （40%）	1.多途径宣传鼓动形成的良好氛围； 2.竞赛组织及效果； 3.劳模精神、劳动精神、工匠精神的培养宣传情况； 4.竞赛文化机制建设情况。	材料+ 问卷+ 调研	竞赛文化的核心可以作如下参考：以劳动精神、劳模精神、工匠精神为核心；以比学帮超、创新创造为价值理念；以唯有奋斗、方有所得为共同意识；以爱岗敬业、公平公正为基本内涵。
	态度认知 （30%）	1.企业党政办和行政办对竞赛工作的研究部署、竞赛组织机构建立情况； 2.职工反响及对竞赛活动的满意度； 3.职工对竞赛的认识及参与主动性。	问卷+ 调查	
	社会影响 （30%）	1.媒体对竞赛活动的宣传报道情况； 2.社会对劳动竞赛的认识支持情况，如政府、协会等方面的支持以及相关领导出席竞赛活动、批示等情况； 3.社会对工匠、技师等一线优秀技术工人身份、价值的认可度。	材料+ 调查	

第四节　新时代劳动和技能竞赛的激励机制

促进职工待遇提高、晋级晋升，扩大受益面受益度，是新时代劳动和技能竞赛激励机制的重要内容。充分发挥竞赛对促进职工成长成才的积极作用，在培养"高精尖缺"人才上求突破，在提高职工待遇上求突破，在拓展职业发展通道上求突破。

1.制订竞赛奖励办法

推动制订和完善劳动和技能竞赛奖励办法，有关部门加大激励力度，推动竞赛同劳模评选、职称评定、技术等级认定、工资收入、人员选拔聘用等相融合，对竞赛中涌现出来的先进集体、先进职工及时予以表彰奖励。

2.落实竞赛评比奖励

做好竞赛评比奖励工作，是建立竞赛激励机制的重要方面，对调动职工参赛积极性具有重要作用。要把阶段性评比奖励与全过程评比奖励、单项评比奖励与综合评比奖励、个人评比奖励与集体评比奖励有机结合起来，做到经常化、制度化。

3.加大技术创新激励

坚持立足一线岗位、组织一线职工、解决一线问题，把职工技术创新嵌入企业研发链条，融入社会主义市场经济条件下新型举国体制，在打好关键核心技术攻坚战、提高创新链整体效能中发挥广大职工的主力军作用。着眼于激发职工比学赶帮超的热情，把比技术创新、团结协作、质量效益、安全环保和创一流工作、一流业绩、一流团队作为主要内容。

4.丰富竞赛激励形式

坚持精神鼓励与物质奖励相结合的原则，使职工得到的荣誉与取得的业绩、得到的奖励与作出的贡献相适应，让职工分享社会和企业发展成果。大力表彰竞赛活动中涌现出来的先进集体、模范职工和优秀技术创新成果，把引导职工弘扬工人阶级伟大品格和劳模精神贯穿于竞赛活动的全过程，调动和激发职工创先争优建功立业的积极性。对竞赛中表现突出的先进典型一定要进行表彰。这既是对先进典型的承认和褒奖，以强化激励，又是一种导向，引导更多的人向先进看齐。要调动各种激励手段表彰先进。常见的激励形式如下。

（1）政治激励。主要指入党、提干、晋级等。

（2）经济激励。主要指提高工资、增加奖金、颁发奖品。

（3）功勋激励。制定企业的立功标准，明确立功条件和报批程序，给立功人员发奖章、证书和奖金。

（4）命名激励。对个人可以命名为文明标兵、劳动模范、技术能手、服务明星等。对集体可以命名为明星队、明星班组、文明小区、优胜单位、文明单位等。这是一种定型化激励手段，可以比较持久稳定地发挥作用。

（5）形象激励。主要方式有：电视播放、报纸刊登、展览宣传、事迹报告、文艺宣传等。要大张旗鼓地表彰劳动竞赛中的突出成绩和感人事迹，把获胜者当作功臣，让其披红戴花，佩戴荣誉卡，照光荣相，上光荣榜。

（6）在福利待遇上激励。在分房、晋级、外出疗休养等福利待遇方面予以优先照顾。

第五节　新时代劳动和技能竞赛的选树机制

选树典型，以示引领。新时代劳动和技能竞赛要加大劳模和工匠的选树力度，培育各行各业可学可鉴的先进人物，推动社会形成崇尚劳模、想当劳模、尊重技能、苦练技能的良好风尚。推深做实劳模工匠培养选树和管理服务工作，完善全国工会劳模工作管理平台，建立全国工匠人才资源库，推动完善劳模工匠政策，提升劳模工匠地位，落实劳模工匠待遇，形成尊重劳动、尊重知识、尊重人才、尊重创造的良好氛围。

1.选树劳动模范机制

劳动模范产生于劳动竞赛。坚持面向基层、面向一线、面向普通职工群众，做好五一劳动奖和工人先锋号推荐评选等工作，培养和选树不同层面的劳模和工匠人才。注重从劳动竞赛涌现出来的先进职工中发现、培养、选树劳动模范，使劳动模范的评选工作建立在深厚的群众基础之上。

2.选树工匠人才机制

坚持以赛促训，叫响做实全国职工职业技能大赛品牌，以国家级一类、二类技能竞赛为牵引，带动多层级、多行业、多工种职工技术比武活动，激发职工学习热情，造就高素质技术技能人才、能工巧匠、大国工匠。大力选树"金牌工人""首席员工""技术状元"等技能人才，开展多种形式的学赶先进、创先争优活动，积极引导职工以劳动模范和先进人物为榜样，争当先进，争创一流。

3.搭建工作平台机制

建立劳动模范（技能人才）"创新工作室"，认真总结、积极推广他们创造的先进生产（操作）方法和取得的技术创新成果，充分发挥劳动模范和技能人才在劳动竞赛中的示范带头作用。精心组织劳模和工匠人才进学校、进企业、进社区，用他们的干劲、闯劲、钻劲鼓舞更多的人，激励广大职工勤于创造、勇于奋斗、善于团结、敢于梦想，争做新时代的奋斗者。

4.做实宣传工作机制

弘扬精神，示范引领。注重从劳动和技能竞赛中宣传典型，培养和选树先进，通过多种形式宣传劳动模范的崇高思想和先进事迹，积极引导职工学习劳模、争当先进，努力营造劳动光荣、知识崇高、人才宝贵、创造伟大的社会风尚和精益求精的敬业风气。

5.营造浓厚氛围机制

把习近平总书记关于劳动创造幸福的重要理念贯穿竞赛宣传和组织的全过程，讲好劳模故事、讲好劳动故事、讲好工匠故事，既在企业内部兴起比学赶帮超的劳动热潮，又在全社会产生强大的带动力和影响力。积极构建和倡导以劳模精神、劳动精神、工匠精神为核心，以创新创造、发挥作用为价值理念，以多劳者多得、技高者多得为共同意识，以爱岗敬业、公平公正为基本内涵的竞赛文化，激发职工干一行、爱一行、钻一行、专一行的正能量和自豪感，增强企业凝聚力竞争力。

第六节　新时代劳动和技能竞赛的保障机制

经费保障是组织开展劳动竞赛的重要物质条件。各级工会在为竞赛提供必要经费的同时，要积极争取同级政府（行政）拨出专款用于劳动竞赛。企业工会要督促企业建立劳动竞赛奖励基金。

1.资金保障机制

《企业工会工作条例》第五十三条规定，企业工会督促企业按照有关规定，按职工工资总额的百分之一点五至百分之二点五、百分之一分别提取职工教育培训费用和劳动竞赛奖励经费，并严格管理和使用。《中华全国总工会劳动和技能竞赛规划（2021—2025年）》指出，拓宽资金保障渠道，健全奖补结合的资金支持机制，发挥工会经费的引导、撬动效应，督促企业足额提取职工教育经费，且60%以上用于一线职工培训。

2.干部保障机制

新时代劳动和技能竞赛工作是一项系统工程，涉及面广、专业性强，对干部素质提出了更高要求。各级工会劳动和经济技术干部要进一步增强使命感和责任感，保持良好的精神状态，通过加强学习、深入实践，不断提高思想政策水平和指导工作的能力，以适应新形势下组织开展劳动和技能竞赛的要求。

3.竞赛研究机制

加强竞赛理论和相关政策研究，是搞好劳动竞赛的重要基础，也是加强竞赛机制建设的重要方面。要了解经济形势，掌握经济政策，研究竞赛理论，总结竞赛经验，探索竞赛规律，使机制建设在促进劳动和技能竞赛发展中持久、稳定地发挥作用。

 案例

海南首个市县"行业性劳动和技能培训竞赛基地"在澄迈揭牌

2023年05月24日　来源：澄迈新闻微信公众号

5月23日，澄迈县行业性劳动和技能培训竞赛基地签约暨揭牌仪式在海南省技师学院老城校区举行，这是全省首个市县"行业性劳动和技能培训竞赛基地"。

据了解，行业性劳动和技能培训竞赛基地的成立，是澄迈县总工会和海南省技师学院合作建立的一种新的高技能人才培养形式，也是落实海南省总工会关于开展 2023 年全省行业性劳动和技能竞赛、强化产业工人队伍建设的率先示范措施。

近年来，澄迈县总工会积极发挥工会组织提技能、稳就业、促就业、解困境的积极作用，加大职工、农民工培训力度，指导鼓励更多职工（农民工）通过各种培训提高技能，促进就业。

澄迈县总工会将借助海南省技师学院雄厚的师资力量和条件，服务海南老城科技新城，打造澄迈工会品牌，积极开展以下几项工作。一是要围绕主导产业、重大战略、重点项目、重大工程开展劳动竞赛。二是围绕创新驱动发展开展劳动竞赛。把关键技术、前沿技术、高端技术和解决生产难题、关键问题作为竞赛的主要内容，引导职工积极参加"五小"活动（小革新、小发明、小改造、小设计、小建议），鼓励职工在原始创新、集成创新和引进消化吸收再创新上多出新成果，在技术创新的实践中发挥聪明才智，促进企业技术创新能力，激发人才创新活力，推动企业转型升级。三是围绕产业工人队伍建设改革开展劳动竞赛。深入实施职工素质工程，开展职工技能提升、岗位练兵活动，引导企业职工干一行、爱一行、钻一行、专一行，提高职工队伍整体素质，为海南自由贸易港建设建功立业。（邱世全　曾维潘）

第五章

新时代劳动和技能竞赛的载体建设

　　以创建"工人先锋号"为载体深化班组竞赛活动，加强劳模和工匠人才创新工作室建设，引入"揭榜挂帅"机制，深入开展质量管理小组和质量信得过班组建设活动，增强企业各类团队的辐射带动能力、创新攻关能力和人才培养能力，让企业"细胞"更活跃、更有效，推动企业更好发挥创新主体作用。

第一节　职工创新工作室

职工创新工作室是企业内部以一线劳模、工匠和高技能人才为核心，围绕解决所在企业（单位）生产、技术、管理、安全、经营等中心工作实践中遇到的难题，开展技术攻关、改良产品、科研创新、发明创造、服务创新、"五小"活动等工作的群众性创作团队，是大力弘扬和传承劳模精神、劳动精神、工匠精神，形成崇尚劳模、学习劳模、争当劳模的重要载体，是有效发挥劳模业务专长和技术技能优势，锻炼人、教育人、培养人、提升职工队伍整体素质的重要基地，是发挥劳模工匠这一先进群体示范引领作用，推动实施转型升级工程、科技创新工程的现实需要，是以技术创新、管理创新、服务创新和制度创新为主要工作内容的新型工作模式。

目前，创新工作室的叫法有很多种，我们所熟知的主要有：劳模创新工作室、职工创新工作室、工匠创新工作室等。但是在大部分企业和单位内部，并没有特别严格区分，总体来说都可以称为职工创新工作室。这几类创新工作室在创建方面，虽然各有侧重和特色，但创建的要求并无太大差别，企业可以根据自身特色来创建。比如某个企业拥有国家级、省市级的劳模或技能工匠，就可以申请创建与之对应的劳模创新工作室和工匠人才创新工作室；如果企业拥有技术特别过硬、在创新发明上有特别贡献的优秀职工，也可以建立以该职工命名的创新工作室。

一、职工创新工作室的创建标准

职工创新工作室是围绕本单位生产经营活动和工作重点、难点问题，实现产学研相结合，开展技术创新、管理创新、科技创新、服务创新、经营创新和业务创新活动的职工组织，必须强调参加者的技术先进性、创新的积极性和学习的主动性。创建的标准要从本地区、本企业的实际需要出发，注意把握以下几点。

（1）标志明显。职工创新工作室牌匾、组织机构、人员组成、工作职责、目标任务等标志显著，位置醒目。

（2）场所规范。职工创新工作室有适当面积的固定办公活动场所，可供办公学习、研究和成果、荣誉展示。

（3）设施齐全。配备必要的专业资料、器材工具、信息网络、办公设备、实验仪器等设施。

（4）制度完善。活动开展、学习研究、技术攻关、成果转化、奖励激励、内部管理等制度完善、规范。

（5）经费保障。职工创新工作室所在单位设有专项经费用于开展技术攻关和创新活动。

（6）台账翔实。创新活动有准确、翔实的资料。职工创新工作室有成员档案，有能全面反映工作室工作流程和工作状况的资料，有工作计划和工作目标、近期创新项目、创新成果、活动记录等相关资料。

（7）成效明显。围绕本单位生产实践开展技术攻关等取得明显的经济和社会效益，做好职工创新工作室创新成果的推广应用工作。

职工创新工作室创建活动主要在企事业单位开展，凡拥有一定专业技术水平的市级以上劳模、省级以上五一劳动奖章获得者、高级及以上职业技能资格等级的高技能人才的企事业单位，都要积极建立职工创新工作室。各级工会要建立、完善职工创新工作室活动开展和创新成果宣传推广的工作机制，精心打造职工创新工作室品牌，推动职工创新工作室创建活动的深化发展，不断取得丰硕成果。

二、职工创新工作室的申报

职工创新工作室由各基层工会每年向上级工会申报。申请需上报的材料通常包括以下方面。

（1）职工创新工作室申报表一式三份。

（2）所在单位的推荐材料。内容包括该工作室近年来的工作内容、研究项目和取得的成绩，设立工作室后的工作计划和工作请示等。

（3）工作室的工作制度、管理办法和组织机构。

（4）反映该工作室近年来的工作内容和成绩的照片，有条件的可提供相关视频。

（5）其他必要的材料。

上级工会对照创建主体的有关规定和创建要求进行审核，并实地考察。对经审核、考察具备创建条件的职工创新工作室，由上级工会签署意见，正式命名。对经批准成立的职工创新工作室，由上级工会为其授牌。

三、职工创新工作室的工作任务与作用发挥

工作室重在用，要处理好"展示"与"实战"的关系，还要发挥好劳模和工匠人才创新工作室及创新工作室联盟引领的作用。

（1）发挥示范带动作用。负责职工创新工作室成员的培养指导，带头深化"创建学习型组织　争做知识型职工"活动，积极开展技能竞赛、"五小"和名师带徒等活动，发挥职工创新工作室在职工技术创新工作中的示范带动作用。

（2）做好创新基础工作。负责建立健全创新工作室各项规章制度，做好日常管理工作。根据本单位实际需要，开展技术创新、管理创新、服务创新和技术培训、技术交流、成果推广转化等活动。

（3）完善创新项目流程。负责职工创新工作室年度创新项目的立项申报，承接自主立项及本单位、上级下达或横向协作的创新项目，组织工作室成员开展课题研究和攻关，配合工会和创新项目专业管理部门做好项目评估、验收、总结、成果启用及管理服务等工作。

（4）提升创新创造能力。把职工创新工作室打造成为推动全员创新、持续创新，提升企业核心竞争力和可持续发展水平的重要阵地。围绕企业产品质量、安全生产、经营管理、优质服务等方面的重点难点问题积极开展技术攻关、发明创造、管理创新。

一言以蔽之，创新工作室的主要任务要围绕中心有项目、技术攻关解难题、创新改善出成果、导师带徒传帮带、练兵比武育人才。建立定期考核奖惩机制，发挥"两人一师"作用（工作室负责人、带头人、导师若

干）。提升规范创新工作室联盟创建管理，实现"三跨四共"：跨工序、跨专业、跨单位，共建创新平台、共担课题项目、共促成果转化、共享科技资源。

四、加强职工创新工作室创建活动的组织管理

各级工会要认真做好协调和组织工作，联合人力资源和社会保障、科技等相关部门成立创建活动领导小组。加强工作指导，创造工作条件，努力形成党委领导、行政支持、工会组织、高技能人才和劳模先进人物挂帅、广大职工踊跃参与的创建工作新格局。

为激励一线职工投身创新实践，2015 年，全国总工会设立职工创新补助资金，出台《职工创新补助资金管理办法（试行）》。2020 年，为进一步管好用好补助资金，提高一线职工技术创新能力和水平，修订印发《职工创新补助资金管理办法》。明确职工创新补助资金补助范围重点是创新工作室开展的具有一定科研价值、科技含量，实施后能切实解决现场工艺技术难题的项目；填补某一技术领域空白，对我国产业升级、技术进步等具有积极推动作用的项目；先进、合理、实用、可行，具有较好预期经济和社会效益的项目；其他优秀职工创新项目。《办法》首先补助劳模和工匠人才创新工作室开展的项目，对职工技术创新活动的开展进行方向性的引导。现场工艺技术难题往往是企业技术进步甚至产业转型升级的瓶颈所在，一线职工长期在现场实践中对研发设计实现过程中的工艺技术难题有着比较深刻的认识，而这些攻关项目在提出之初，往往得不到企业的足够重视，把"切实解决现场工艺技术难题的项目"作为职工创新补助资金的支持重点，一个重要目的就是要企业充分重视群众性技术创新的价值和能量。

各级工会要充分关心职工创新工作室成员的成长进步，保护创新工作室成员的创新热情，在总结推广创新成果、推荐申报创新先进人物、五一劳动奖章、评选劳动模范和组织疗休养、考察交流、培训学习和进修深造等方面给予优先考虑。各级工会要善于发现和宣传典型，对在创建活动中涌现出来的先进单位，要及时总结先进经验，加大宣传力度，全面推进创

建工作。要广泛宣传创新工作室的工作业绩，营造浓厚的创建氛围，引导广大职工以典型为榜样，扎实工作，积极投身创新活动，并将创建活动深入持久地开展下去。各级工会职工技协组织要积极帮助创新工作室转化创新成果，将创新成果及时应用到生产经营活动之中。创新工作室完成的科研和技术革新成果、知识产权等归属问题按照有关法律法规处理。

创新工作室实行分级管理，上级工会定期或不定期地对创新工作室进行检查或组织互查，对组织健全、活动正常、制度完善、创新成果显著的创新工作室给予表彰奖励，对活动开展不力、流于形式的创新工作室予以通报，直至摘牌。

 案例

关于创建××市劳模创新工作室的实施意见

一、性质

劳模创新工作室是由在技术、业务方面有专长，有一定的理论水平、实践经验、创新能力和创新成果的劳动模范作为负责人，并以劳模名字命名，同时由相关人员组成的创新团队。

二、人员组成和基本条件

劳模创新工作室由各级劳模先进人物和若干名工作室成员组成。

（一）劳模先进人物

1.荣誉条件：获得各级劳动模范荣誉和五一劳动奖章称号，工作在全市各条战线上的劳模和先进人物。

2.基本条件：在本行业、本单位具有一定的知名度和影响力，领导认可，职工群众拥护，具有较强的业务素质和创新创造能力，具有较强的业务指导和组织协调能力，爱岗敬业，甘于奉献，能够领导和带动劳模工作室开展工作。

（二）劳模工作室成员

1.与劳模同岗位或与劳模工作岗位相关的部门、车间、科室、工段等的管理人员、科技人员、年轻人才、一线职工。

2.有积极的进取精神，有较强的科研攻关、创新创造能力，有甘于奉献和团队合作精神，能够承担相应的职责任务。

三、创建标准

1.有一个冠名。劳模创新工作室一般以劳模个人命名，也可以根据工作岗位和行业单位实际，以工作性质或其他方式命名。

2.有标牌标识。劳模创新工作室应有内容明确、体现行业特色、位置醒目的标牌或标识。

3.有一定设施条件。劳模工作室应该配备工作开展所需的必要的办公场所、办公机具、器材工具、专业资料等设施。

4.有一支团队。劳模创新工作室应明确由劳模牵头负责，每个工作室成员不低于3人，组成工作团队。

5.有一套制度。劳模创新工作室应建立一套相对完善的活动开展、学习研究、技术攻关、成果转化、奖励激励、内部管理等制度，并张贴上墙。

6.有一定经费。所在单位应给予劳模创新工作室开展日常工作和作用发挥的必要经费。

7.有活动资料。劳模创新工作室的日常工作和活动应有各种形式的资料记录，要有一套管理资料的设施、制度。

8.有创新成果展示。劳模创新工作室应有展示创新成果的版面、展台展柜等展示平台设施。

四、劳模创新工作室职责

1.激励劳模发挥作用。发挥劳模的创新能力、创造潜力和传帮带作用，激励劳模在新时期再立新功。

2.宣传弘扬劳模精神。大力弘扬爱岗敬业、争创一流、艰苦奋斗、勇于创新、淡泊名利、甘于奉献的劳模精神，在全社会大力营造关心劳模、爱护劳模、学习劳模、争当劳模的浓厚氛围。

3.带动职工多做贡献。引导广大职工向劳模学习，带动广大职工学技术、练本领、比服务、树形象、做贡献，使更多的优秀职工、金牌员工、明星个人脱颖而出，为企业的发展做出更大贡献。

4.树立良好形象。通过劳模创新工作室的品牌效应，树立行业、企业、单位良好形象，为促进企业发展、加强精神文明建设、引领社会风尚、实现高质量发展做贡献。

5.增强企业竞争能力。通过开展科研攻关、技术创新、管理创新、服务创新等活动，增强企业核心竞争力。

五、劳模创新工作室创建程序

（一）前期筹备

1.创建单位确定创建意向和创建目标。

2.创建单位确定劳模人选、组建工作团队，建立工作制度，选定场地，做好前期筹备工作。

3.创建单位负责人与劳模工作室负责人签订创建承诺书（包括创建目标、创建措施、工作制度；单位支持保障措施、考核奖励机制）。

（二）申报创建

1.创建单位工会向所属上级工会提出创建申请，上级工会进行实地考察，并提出改进意见。

2.符合创建条件的，由本单位工会向市总工会提出书面申请，并附相关材料（劳模创新工作室创建目的、人员构成、主要业务、创建方案等）。

（三）审核授牌

1.市总工会对申请进行初审，了解劳模工作室情况以及创建单位支持情况，市总党组审核决定。

2.市总工会为劳模创新工作室授牌。

3.授牌名称：××市劳模创新工作室。

六、劳模创新工作室管理制度

（一）保障制度

1.对每个授牌的劳模创新工作室，市总工会将一次性划拨5000元，支持其开展创新活动。

2.创建单位应为劳模创新工作室提供适当工作场所，配备相应的基础设施，为劳模创新工作室开展工作提供便利条件，在开展业务工作、培养后备人才、加强培训交流等方面给予支持和保障。单位工会提供指导和服务，帮助劳模创新工作室解决遇到的困难和问题。

（二）交流制度

市总工会每年组织已授牌及创建的劳模工作室开展交流学习活动，主要包括劳模创新工作室建设发展情况、目标完成情况、档案资料管理情况，创建单位支持保障情况，单位工会指导服务情况等。

（三）激励制度

对创建规范、成果显著的劳模创新工作室，推荐申报省劳模创新工作室，劳模负责人优先推荐上一级荣誉。对创建工作突出的单位及其工会在评先评优时优先考虑。创建单位要结合实际，给予必要的表彰和奖励。

（四）档案管理制度

建立劳模创新工作室档案管理制度，及时搜集、归档、存档相关资料，包括创建工作室的愿景目标、管理制度、年度计划、人才培养、业务开展、成果研发应用等。

 企业实践

劳模创新工作室创建方案（××分工会2022年6月）

为进一步弘扬劳模精神，发挥劳模的引领模范作用，现就创建劳动模范×××等同志"劳模创新工作室"制订如下方案。

一、指导思想

坚持以习近平新时代中国特色社会主义思想为指引，大力弘扬劳模精神、劳动精神、工匠精神，为劳动模范更好地施展才华、展现精神品格搭建平台、提供支持，使他们的劳动技能、创新方法、管理经验广泛传播，充分发挥示范带动作用，为公司培养一批高素质人才，有效促进××公司高质量发展。

二、创建内容

（一）制定劳模创新工作室管理制度

见附件1。

（二）劳模创新工作室标牌

悬挂于劳模工作室门口。

（三）劳模先进事迹介绍（略）

（四）劳模创新工作室工作团队

1.劳动模范×××工作团队

2.劳动模范××工作团队

（五）劳模工作室2022年下半年工作计划

1.建立健全劳模创新工作室管理制度。

2.组建劳模创新工作室工作团队，建立完善工作研究机制。

3.紧盯装置大修，弘扬劳模精神，带领团队有力保障装置停得稳、修得好、开得足。

4.发挥传帮带作用，培养3名吃苦耐劳、责任心强、技能全面的业务骨干。

5.带领团队组织开展技术攻关，着力解决1—2项影响生产装置平稳运行的突出问题。

6.邀请公司相关部门开展授课及现场指导，为劳模工作室高质量创建和运行奠定基础。

7.开展专题授课，为新进厂员工上好入厂后爱岗敬业第一堂课。

8.在公司工会指导下，开展劳模创新工作室创建交流，进一步提升工作室运转质量和水平。

（六）劳模创新工作室精神文化展板

劳模精神：爱岗敬业、争创一流、艰苦奋斗、勇于创新、淡泊名利、甘于奉献

劳动精神：崇尚劳动、热爱劳动、辛勤劳动、诚实劳动

工匠精神：执着专注、精益求精、一丝不苟、追求卓越

三、劳模创新工作室地点

煤气化部空分装置交接班室

四、时间安排

2022年8月上旬完成初步创建，工作室开展相关工作。

附件1

劳模创新工作室管理办法

一、工作职责

1.发挥创先争优激励作用。通过搭建平台，完善机制，发挥劳模的

创新能力、创造潜力，激励劳模在工作中创先争优，再立新功，再创佳绩。

2.发挥攻坚创效核心作用。紧盯影响生产装置安全、稳定、长周期运行的瓶颈和难题，组织开展技术攻关，大力实施节能减排、降本增效措施，促进生产高质量运行。

3.发挥氛围营造引领作用。大力宣传劳模先进事迹，弘扬劳模精神、劳动精神、工匠精神，营造关心劳模、爱护劳模、学习劳模、争当劳模的浓厚氛围。

4.发挥队伍建设传帮带作用。充分调动工作团队智慧力量，引导职工学技术、练本领、比服务、树形象、做贡献，促进职工素质能力全面提升、全面过硬。

5.发挥企业品牌塑造作用。紧紧围绕公司创新工程、人才工程建设，引导劳模团队争一流、创品牌，助推中安联合创建安徽省国有企业党建标杆。

二、工作开展

1.工作团队每季度召开一次会议，研究解决生产运行管理中的困难和问题，谋划布置阶段性重点工作。

2.工作团队每半年在所在装置组织一次专题培训教育，分享工作学习体会，交流改进工作思路方法，以及提升保障生产安全平稳有效运行措施。

3.注重创新成果在生产实践中的应用，针对应用过程中存在的不足，及时组织进行技术改造和革新。

4.加强工作室成员日常管理，动态吸纳综合素质高、创新意识强、勤于钻研、年轻有为的员工加入团队，形成人才培养的良好基础。

5.建立健全工作室日常管理档案，每年对团队建设、创新成果等进行总结并纳入档案管理。

三、成员要求

1.带头遵守公司各项规章制度，爱岗敬业，乐于奉献，发挥先锋模范作用，塑造工作室良好品牌形象。

2.加强本岗位专业知识的学习，立足本岗，苦练技术，刻苦钻研不断提高技术创新能力和实际操作能力。

3.关注日常工作中的环节、细节，培养观察发现问题的能力，及时发现问题和不足并采取措施及时解决，把握创新点，积极向公司建言献策，提出合理化建议。

4.增强团队合作意识，主动参与、共同研究，发挥团队智慧优势，结合岗位工作实际积极开展创新创效活动。

5.及时总结创新工作经验，组织和参与技术交流活动，搜集和征求员工对创新工作的建议，推广应用创新成果。

第二节　"安康杯"竞赛

"安康杯"竞赛活动是由全国总工会、应急管理部和国家卫生健康委等单位组织开展的一项群众性安全生产活动。"安康杯"是取"安全"和"健康"之意而设立的职业安全卫生工作荣誉奖杯。"安康杯"竞赛，是把竞争机制、奖励机制、激励机制应用于安全生产和职业病防治活动中的群众性"安全"和"健康"竞赛，它是社会主义劳动竞赛在安全生产和职业卫生领域中的具体实践和延伸。

一、"安康杯"竞赛活动主要内容

"安康杯"竞赛活动是通过赛安全卫生管理、领导者的安全生产和职业病防治意识、职工安全卫生知识水平和能力、安全生产和职业卫生各项指标等方式，不断推进企事业单位的劳动安全卫生工作和安全文化建设，全面提高职工安全生产意识和应急处置能力，最终达到降低生产安全事故和职业病发病率的目的。"安康杯"竞赛包括健全的竞赛组织机构、规范的竞赛制度、丰富的群众性安全生产和职业病防治活动等内容。

1.健全竞赛组织机构。

各级"安康杯"竞赛组委会在组织开展竞赛活动时，要有计划、部署、方案、组织、检查、评比、表彰、奖励等。

2.落实企业安全生产主体责任。

企业职业安全卫生管理是"安康杯"竞赛的一项重要内容。按照竞赛考核要求，参赛企业的安全卫生管理机构要健全且有专、兼职安全卫生人员并形成网络；将安全生产与职业卫生管理工作纳入企业目标责任制考核；安全卫生规章制度健全，工作现场符合安全卫生标准，开展竞赛活动有计划、有方案，个人劳动防护用品和安全设备符合标准、配备齐全等。

3.开展群众性安全生产和职业病防治活动。

全国"安康杯"竞赛组委会每两年确定一个"安康杯"竞赛主题，各参赛单位围绕主题广泛组织开展活动，主要包括以下内容。

（1）积极开展以"十个一"活动为主要内容的安全文化系列活动。"十个一"活动，即查一起事故隐患、纠正一次违章行为、提一条合理化建议、当一天安全员、做一件预防事故的实事、忆一次事故教训、读一本安全生产的书、接受一次安全生产培训、举办一次安全生产法律法规知识讲座、搞一次安全生产宣传活动。各级竞赛组委会可根据"安康杯"竞赛活动的群众性、竞赛性特点，创新"十个一"活动内容和形式，亦可通过组织职工开展演讲比赛、安全生产知识竞赛、安全技能培训比赛、事故案例教育会、家属座谈会、百日安全无事故竞赛等系列活动，营造"人人讲安全，事事讲安全，时时讲安全"的安全文化氛围。

（2）大力开展班组安全建设活动。通过班组日常教育、温情教育和警示教育等，在容易发生事故和职业危害严重的岗位、工种、人员中广泛开展安全卫生宣传教育活动，最大限度地减少"三违"（违规作业、违章指挥、违反劳动纪律）现象。组织开展班组安全卫生技能培训、安全生产和职业卫生合理化建议、安全卫生管理优秀成果展示等活动，推进班组安全卫生管理标准化、规范化、科学化。

（3）广泛组织开展隐患排查活动。组织动员广大职工从本职岗位做起，从自身做起，深入开展"查身边隐患、保职工安康、促企业发展"和"安全隐患随手拍"等群众性隐患排查活动，全面排查消除各类隐患，努力防范和遏制各类事故。建立企业重大隐患治理情况向负有安全生产监督管理职责的部门和企业职代会"双报告"制度，形成自查、自改、自报闭环管理体系，实现安全生产和职业卫生隐患排查治理工作的常态化、制度化、规范化。

（4）强化职工劳动安全卫生知识培训。深入宣传和贯彻落实《劳动法》《工会法》《安全生产法》《职业病防治法》等相关法律法规和政策文件。加强职工的安全健康知识普及工作，把高危行业、职业病危害风险较高的岗位人群作为重点培训对象，针对不同岗位、不同工种的职工，科学设置培训内容，确保有效提高职工的安全卫生意识和技能水平。结合全国"安全生产月"和《职业病防治法》宣传周等主题活动，广泛开展形式多样的安全生产和职业病防治宣传教育活动。

（5）积极推进企业安全文化建设。树立安全发展理念，弘扬人民至上、生命至上的理念，以创建安全文化体系、完善安全生产责任制和规范员工操作行为为手段，引导企业营造"人人讲安全、事事重安全、处处保安全"的安全生产环境；把安全文化建设融入企业整体文化建设中，把先进的安全生产理念、科学的安全管理方法、实用的安全操作技能、优秀的安全生产文化送到企业；推动企业通过学习和借鉴国际、国内先进安全管理思想和安全文化理论，加以总结提炼，持续改进，逐步形成上下齐心、知行合一的安全文化，推动企业安全健康和谐发展。

4.加强工会劳动保护监督检查。

认真贯彻落实工会劳动保护监督检查三个《条例》（《工会劳动保护监督检查员工作条例》《基层工会劳动保护监督检查委员会工作条例》《工会小组劳动保护检查员工作条例》），健全工会劳动保护监督检查网络，发动广大职工开展群众性劳动保护监督检查，及时发现隐患，报告险情，督促整改。

5.未发生一般及以上生产安全事故、群体性或产生恶劣影响职业病危害事件，是全国"安康杯"竞赛考核评比的重要内容之一。

二、"安康杯"竞赛活动表彰

全国"安康杯"竞赛活动每两年表彰一次，共设置先进集体和优秀个人两个奖项。其中，先进集体包括优胜单位、优胜班组和优秀组织单位。名额分配和表彰名额根据各省（区市）、全国产业工会、行业协会的企事业参赛规模、职工参赛数量、行业地域差异、竞赛活动质量和效果等因素，经全国"安康杯"竞赛组委会成员单位研究确定。表彰对象应自下而上、层层选拔产生，评选工作严格执行"两审两公示"程序，即实行初审、复审及省级、产业工会、协会和全国两级公示。初审由省级"安康杯"竞赛组委会负责审核，复审由全国"安康杯"竞赛组委会成员单位组成的复审小组进行审核。

全国"安康杯"竞赛活动优胜单位、优胜班组不重复授予，优秀组织单位、优秀个人可重复授予。已获得过优胜单位、优胜班组的单位，要继续参加竞赛活动，经考核评定为优秀的继续保持荣誉，未继续参加竞赛活动或考核不达标的，取消其荣誉称号。

 案例1

万名外卖骑手比拼"车轮上的安全"

2023 年 06 月 14 日　来源：《工人日报》

近日，上海市浦东新区"安康杯"竞赛工作推进会暨万名骑手"车轮上的安全"竞赛启动仪式举行。这是继快递外卖行业职工安全生产首次列入工会与政府联席会议议题后，浦东新区总工会联手各职能单位推出的又一项关心关爱举措。

为了适应和满足新时代安全生产和发展的需要，强化新就业形态劳动者权益保障，今年，浦东新区围绕"安康护航　携手筑梦"系列活动开展"安康杯"竞赛，通过竞赛不断推进企业安全健康责任落实，帮助职工提升安全健康保护技能。

据悉，此次"车轮上的安全"竞赛，聚焦活跃于浦东区域的万名外卖骑手。根据骑手们的工作场景汇集了工会系统、应急管理系统、卫生健康系统、公安交通系统、邮政管理系统等多家单位的项目，涵盖交通安全培训、急救知识培训、知识竞赛、骑行比赛、技能竞赛、达人评选、安全无事故比赛等9项。

"车轮上的安全"主要围绕"四比四赛"展开，即比学习，赛知识储备；比能力，赛劳动技能；比眼力，赛防护意识；比素质，赛安全出行，以提升新就业形态劳动者的安全防护素养。启动仪式上，同步升级了"安康杯"知识竞赛题库，增加了交通安全、应急救护、职业健康等竞赛内容。

推进会现场，还为浦东新区职业健康达人、企业健康促进优秀案例、公共卫生应急个人防护竞赛现场操作优胜、安全文化示范企业、职工"查身边隐患、献安全一计、讲预防故事"活动典型案例等项目颁奖。（裴龙翔）

 案例2

工地"安康杯"竞赛助力安全生产

2023 年 06 月 21 日　来源：《工人日报》客户端

6月20日，中建一局华北公司在天津大港海滨港西学校项目举办了2023年度劳动竞赛、"安康杯"竞赛、争创"青安岗"启动仪式暨中建一局留守儿童关爱保护百场宣讲活动。本次活动通过启动劳动和技能竞赛、劳模宣讲等方式，充分发挥劳动模范和工匠人才的示范带动作用。

活动现场，工友代表宣读《我是法定监护人承诺书》，留守儿童代表讲述留守大山的思亲故事。仪式上发布的《儿童青少年心理健康关爱倡议书》，呼吁共同为孩子成长、成才增效赋能。

据悉，此次劳动竞赛启动仪式共计京津地区单位代表100余人参加。（窦菲涛）

第三节　班组竞赛

开展班组竞赛是推动劳动和技能竞赛深入发展的重要措施，也是工会促进班组建设的有力抓手。对于增强企业工会活力、提高企业的经营管理水平、进一步调动职工群众的积极性和创造性、推动产业工人队伍建设改革等方面具有十分重要的意义。

一、开展班组竞赛的重要意义

班组是开展劳动和技能竞赛的天然竞技场，劳动和技能竞赛只有落地到班组，才能真正激发职工的劳动热情，提高劳动生产率。将劳动和技能竞赛落地到基层班组，创新竞赛内容、组织形式、奖励评比等各个方面，形成工作即竞赛、竞赛促工作的良性循环。

通过开展班组竞赛，提高班组的生产效率。调动、激发每一名班组成员做好本职工作的积极性、主动性、创造性，加强经济核算，加快生产节奏，用高效率的劳动完成好班组承担的生产（工作）任务，为企业经营目标的实现多做贡献。

通过组织开展岗位练兵、技术比武、名师带徒和技术创新等活动，提高班组的创新能力。积极为技能人才的成长创造条件，引导职工立足岗位学习新知识、钻研新技术、创造新工艺、掌握新的操作法等，使班组成为企业自主创新的细胞和阵地。

二、班组竞赛遵循原则

1.把握竞赛的导向作用。要从基层班组的实际工作出发，制定班组竞赛条件、考核和奖励办法，充分挖掘每一种日常工作的竞赛属性，科学合理安排竞赛周期，从日常工作的方方面面丰富竞赛内容。让每名职工在工作中竞赛，在竞赛中学习提高，充分发挥每个人的特长，激发职工的劳动热情，提升班组的整体技能水平，形成积极向上的班风班貌，提高生产效率。

2.注重竞赛的参与度。由工会征集各基层班组竞赛实施方案，从竞赛内容的实效性、与单位重点工作的相关性、创新性、可持续性及可操作性，奖励设置的合理性等方面把关，形成"工会牵头审批，各班组自定竞赛方案，工会及相关职能部室监督实施，员工互相监督"的班组竞赛格局。通过激发班组广泛开展各类可行、有效的劳动和技能竞赛，持续激发广大职工的劳动热情、聪明才智和创造活力，调动职工学技术、练技能、争先进的积极性。

3.发挥榜样的带动作用。发现、培养、选树和宣传一批不同类型的先进典型，以典型的示范带动作用推动工作，是开展班组竞赛的应有之义。对班组劳动竞赛中涌现的先进人物、先进集体予以通报表扬，宣传他们的模范事迹，为全体干部职工树立学习的好榜样，引导他们坚持继续学习、终身学习的理念，不断提高自身学习知识的能力、运用技术的能力、改革创新的能力。竞赛奖励上与绩效、职务晋升相结合，与上级工会做好沟通协调，推选表现特别优秀的职工申报劳动模范、五一劳动奖章、技术能手等荣誉称号。评选评比涵盖质量、技能、安全、效益、管理、文明等各个维度，使每名职工只要有特长就有发挥的舞台，促使单位从上到下形成"比学赶超"的良好氛围，提升整体技术水平。

4.做好结合文章。在班组竞赛中，一要围绕企业"两个文明"建设的目标来制订班组竞赛活动规划；二要把班组竞赛活动和创建劳动关系和谐企业、班组建设"职工小家"以及"创建学习型组织，争当知识型职工"活动结合起来，从而发挥班级竞赛的合力。

三、班组竞赛的主要内容

班组竞赛要以提升班组成员整体素质为重点，以开展班组创先争优劳动和技能竞赛及创建"工人先锋号"活动为载体，不断提高班组工作水平，促进企业健康稳定发展。

1.开展安全竞赛活动。安全是生产的生命线，班组作为安全生产的第一道关口，所肩负的使命和职责的重要性不言而喻。工会要在班组中开展广泛深入的安全竞赛活动，日常竞赛抓规范，重点竞赛抓提高，将常规竞赛与重点工作密切结合，通过开展安全竞赛活动，增强班组的安全意识。引导职工学习安全生产和劳动保护相关知识及法律法规，加强班组劳动保护检查员队伍建设，增强班组成员的自我防护意识和能力，做到生产保安全、安全促生产。

2.开展班组文化竞赛活动。以"爱班组、爱岗位、爱产品"为内容，把具有时代特点和企业特色的企业文化建设活动融入班组建设和管理之中，培养班组成员共同的价值观、道德观和发展观，培养班组的团队精神，积极推进班组成员间的团结互助，在班组内营造遵章守纪、和谐融洽、团结向上的人文环境，形成互相关心、互相爱护、互相帮助的良好风气，创建和谐班组，把班组建设成为职工学习工作的家园和休息活动的乐园，提高班组的凝聚力和战斗力。

3.开展政治理论学习竞赛活动。组织职工开展政治理论学习，加强形势任务教育、职业道德教育、民主法纪教育，促进职工转变观念，不断提高班组成员的思想道德水平。

4.开展班组升级竞赛活动。切实抓好班组升级竞赛，有利于推动班组的组织建设、思想建设和业务建设，夯实企业班组基础工作；有利于班组之间形成"你追我赶、相互学习、相互帮助、共同提高"的竞赛热潮；有利于培养争先创优、团结拼搏的班组精神。工会要以创建"工人先锋号"活动为载体，广泛开展以安全生产、提高效率、提高质量、创新技术和节能减排为重点的班组创先争优活动。赛学习，促职工技能素质优化；赛安全，促生产平稳有序进行；赛创新，促企业经济效益提高。

5.开展群众性质量提升活动。班组职工技术创新活动是推动企业创新和质量提升的重要基础。长期以来，全国总工会与中国质量协会等部门共同开展质量管理小组、质量信得过班组、杰出质量人评选、质量知识竞赛等活动，推动了群众性质量提升活动的广泛深入开展，为建设质量强国作出了积极贡献。要广泛开展质量改进、质量攻关等多种形式的群众性质量提升活动，针对企业产品质量提升、服务质量提高和新工艺、新设备、新材料、新产品的开发，组织动员广大职工以提高发展质量和经济效益为中心，开展合理化建议技术革新、技术交流、发明创造等多种形式的质量提升活动，推动质量月、质量品牌提升行动的深入开展。在班组内和班组间广泛开展岗位练兵、技术比赛、技能培训、师徒帮教、QC 小组和质量信得过班组创建等活动，帮助班组职工通过学习新知识、掌握新技能、增长新本领来提高产品和服务质量。充分发挥质量管理小组、劳模创新工作室人才集聚、集智创新和示范带动作用，引导职工积极投身质量创新实践，改进质量、降低消耗，全面提高职工的质量素质和企业的经济效益。

案例

一场跨行业的班组劳动竞赛究竟怎么赛?

2023 年 11 月 25 日　来源:《工人日报》

"从电力、石化、金融到地矿、建筑、外贸，再到交通、广电、网络……"11 月 14 日，在由福建省总工会主办，省机械化工矿冶工会工委承办的"匠心杯"金牌班组劳动竞赛现场，来自 12 个行业、24 家集团工会的 28 个基层班组同台比拼。

不同于以往的劳动竞赛，整个赛场里并没有激烈的技能比武，也没有先进的制造装备；看不到闪烁的焊花，也听不到机器轰鸣声。作为福建省总今年举办的劳动竞赛中参与地区最多、覆盖行业最广的一次竞赛，在比赛开始前，现场的工作人员和直播间里的 6 万多名网友都很好奇：这场跨地区、跨行业开展的班组劳动竞赛到底怎么赛?

一场竞赛，从"一张白纸"开始

拿着厚厚的考评手册坐在台下，一身工装的吴良江在如同"工装丛林"一般的竞赛现场并不显眼，但他却是这场劳动竞赛特邀的考评专家。

作为福建省劳动模范、福建联合石化公司生产部生产运行支持工程师，他和其他 28 名由参赛企业选派的资深班组长组成了这场竞赛实地考评环节的评委组，自今年 3 月初便参与了竞赛考评标准的制定。

"劳动竞赛年年都在办、月月都在比，可跨行业的班组劳动竞赛究竟比什么?"在工厂里干了近30年班组工作的吴良江,谈起班组建设工作头头是道,可谈到班组劳动竞赛,起初也没有头绪。

"比技术?大家处在不同行业赛道,没有可以同场竞技的考评项目""比人气?班组规模大小不等、组织形态各异,没有同一标准的参照系""比效率?不同班组工作目标、生产方式、作业环境都不一样,缺少可以同题共答的考核指标"……在吴良江看来,这场以"班组"为题的竞赛,没有先例可循。

"一切就从一张白纸开始。"吴良江没想到,这张"白纸"在8个月后写成了他手中这份长达14页、多达88个项目的评分要点。

"一流职工素质、一流作业环境、一流钻研精神、一流工作业绩、一流管理水平。""金牌班组"的考评标准,在考评小组一轮又一轮的讨论中变得明晰起来。

"标准是怎么来的?就是大家你一言、我一语'凑'出来的。"回忆起制定考评细则的过程,同为考评专家的国家能源集团福建能源有限责任公司生产技术部高级主管徐家全用了"焦灼"二字来形容。

"有人认为把生产型企业和服务型企业的班组划入同一个框架内来测评,标准难以统一,于是就有了'生产型班组'和'服务型班组'两个赛道""有人觉得最初拿出来讨论的标准主观测评项目太多,评委自由裁量的空间过大,于是后来的方案拿出了130多个量化指标供专家们筛选""有专家提出不能仅仅通过组织专家分组进行听汇报、看材料、查档案的实地考评,于是竞赛设置了'班组竞演'环节,班组成员登台进行形式不限、内容不限、人数不限的自由展演"……《工人日报》记者见到徐家全时,是11月13日19时许,他和一众评委拿着竞演环节的考评细则走出讨论室,细则文件上还留下了各式修改符号。

"加框打叉意味着删除,箭头引线到页面留白处的手写文字代表着增补。"徐家全坦言,直到竞赛竞演环节正式启动前,这场劳动竞赛还在就考评项目征求各方意见。

一场竞演,重塑班组印象

还原班组故事的情景演绎,展现班组特色的快板表演,展示班组发明的创意发布……看着舞台上穿着各式工装的工人们朗声竞演、各展其能，吴良江不由得回想起自己 1992 年到炼油厂里当装置操作员时的场景。

那时他还不到 19 岁，一进厂他就跟着老师傅学习催化重整装置。"日复一日跟着师傅蹲在小小的设备工区里，对着一台装置重复着炼油、管阀等机械的劳作。"回忆起当年的班组生活，吴良江的眼睛里闪着光，"师徒传承的故事，无论在哪个年代都一样滚烫。"

在催化重整装置前，吴良江一待就是 4 年，对于工人的技术培训一定程度上靠班长、师傅们口口相传，可师傅的经历毕竟有限，工人要想自己"琢磨"点事情来，就得靠自学。"现在的工人一进厂就有机会在各个装置轮岗训练，有专业培训课程，有完整的培训教材，还有班组晋级的通道……"看着台上年轻工人讲述自己在班组里的成长故事，吴良江满心羡慕。

"不同年代有不同年代的班组故事，可无论在哪个年代，班组都是企业的'细胞'，是最基础也最重要的单元。"据竞赛主办方介绍，在班组成员年轻化、建设规范化、管理精益化的当下，重新把班组这个富有"年代感"的主题融入劳动竞赛体系，就是为了在年轻的产业工人中重塑班组形象。

陈梅是福建省年轻的党的二十大代表，也是福建省鸿山热电有限责任公司设备维护部电气班组里高于平均年龄的"资深"电检员。随着竞赛进行，她渐渐意识到，现代班组的概念早已被她们装进了那一枚枚放在发电机组前、为方便点检员现场快速消缺制作的设备资料二维码里；装进了每周四分享会上，新老工人交流消缺维护经验的大讨论现场；装进了班组文化建设展示的电子大屏里。

站在场下，陈梅对"班长"陈佳彬在竞演时分享的一段话印象深刻："1 个人前进 100 米，不如 100 个人每人前进 1 米。无论过去还是现在，班组建设靠的从来不是'1 个不平凡的我'，而是'100 个平凡的我们'。"

一次跨界，交换"改变"的力量

"小姚，先接地线，然后把 A、B、C 三相电流线接一下……"身后的大屏里，是自己带着徒弟们进行设备巡检的画面；竞演台上，是自己和"徒弟们"带着麦克风、坐在继电保护三相测试仪前进行继电保护实验的展演。虚拟和现实同台交织，对于福建华电可门发电公司设备维修部电气二班的"师傅"江蓉来说，她们班组里的师徒故事因为这场跨界的劳动竞赛，拍摄了微电影，编排了情景剧，走出了电厂工区，还有了多媒介的传播，赋予"班组故事"新的面貌。

"焱鑫，本周 3E 磨煤机热风插板门经常无法开启，你给大家说说排查过程和处理方法……"在竞赛结束次日，竞赛"生产型班组"赛道一等奖——国能神福（石狮）发电有限公司设备管理部热控一班班长刘铁柱和班组成员们围坐在一起，进行每周四"雷打不动"的故障分析。受竞赛实地考评环节评分细则的启发，刘铁柱计划着将"师徒合同"进一步细化，借助班组自主设计、自主研发的全工艺流程热控技能培训实操系统，制订时间跨度长达一年、培训安排精细到月的热控专业高级工培养计划。如今，热控班的走廊里多了两面设计风格统一的"班组文化墙"，他的徒弟、90 后检修工赖志胜期待着："能有更多年轻工人的故事出现在这面文化墙上。"

"生产型班组"完赛后，陈梅和吴良江在"服务型班组"的竞演现场驻足了许久。当被问到"电力工人和炼油工人能从高速路姐、广电客服、保险理赔员、酒店服务员身上学到些什么"，两人的答案出奇地相似——"学习班组服务的经验"。

陈梅期望能现场"偷师"和谐班组建设的"密码"，通过更贴心的服务方式营造更浓厚的班组氛围；吴良江期待着能从"服务型班组"竞赛中，找到优化作业环境的"通用办法"……

"跨界就是为了交换'改变'的力量。"竞赛主办方相关负责人在接受记者采访时表示，企业班组是最基础的生产经营单元，是激发职工活力的细胞，也是推进企业和谐发展、高质量发展的基石，工会的班组竞赛就从引发"细胞的聚变"开始。（《工人日报》记者 李润钊）

第四节　劳动模范工作

劳模工作是对劳动模范、五一劳动奖和工人先锋号的培养、选树、评选、表彰、宣传、管理、服务等工作的统称，是工会工作的重要内容。

一、劳模的推荐评选

（一）推荐评选劳模工作的基本原则

坚持"三公"原则：公开、公平、公正，充分发扬民主，重点考察政治表现、工作实绩和贡献大小。坚持"三个面向"：面向基层、面向一线、面向普通劳动者。坚持突出"三性"：突出时代性、先进性、代表性，充分考量经济社会发展的各条战线和社会的各个阶层。实行组织推荐。

（二）民主推荐评选劳动模范程序

推荐程序（所在单位职代会或者职工大会、农村地区经村民会、城市社区经居民会议民主评议产生）→两审三公示程序（本单位公示→筹委会办公室预审→所在地区系统公示→筹委会办公室正式审核→全国范围公示）；特别审查程序（被推荐人是机关事业单位工作人员须经纪检监察、卫生计生等部门签署意见并按照干部管理权限征得部门同意；被推荐人是企业负责人须经当地县级以上工商、税务、人力资源和社会保障、安全生产、环保等部门签署意见，其中，国企负责人须经审计、纪检卫健监察等部门签署意见，私企负责人须征求当地统战部和工商联意见。）

二、劳模的表彰奖励

（一）"1+1+3"党和国家功勋荣誉表彰制度体系

党中央制定1个指导性文件（2015年12月中共中央印发了《关于建立健全党和国家功勋荣誉表彰制度的意见》），全国人大常委会制定1部法律（2015年12月十二届全国人大常委会第十八次会议表决通过了《国家勋章和国家荣誉称号法》），有关方面分别制定党内、国家、军队3个功勋荣誉表彰条例（2017年，中共中央批准实施《中国共产党党内功勋荣誉表彰条例》《国家功勋荣誉表彰条例》《军队功勋荣誉表彰条例》）。其中，全国劳模由党中央、国务院表彰，为国家级表彰奖励。省级劳模由各省、自治区、直辖市党委和政府表彰。部级劳模由中央和国家机关各部委（门）表彰。全国五一劳动奖和全国工人先锋号是中华全国总工会设立的授予先进集体和先进职工的最高荣誉称号。

（二）组织领导

全国劳模评选表彰一般都要成立临时评选机构，负责领导评选表彰工作，全国总工会承担具体工作。自1989年起，一般每五年召开一次全国劳动模范和先进工作者表彰大会。全国劳模表彰大会要设立临时筹备委员会，领导推荐、评选、表彰的各项工作。筹备委员会下设办公室，负责评选、表彰等具体工作。各地和有关系统一般也根据本地区、本系统实际，成立相应的组织领导机构，承担推荐评选工作。筹委会下设办公室，负责推荐、评选、表彰等各项工作，办公室设在全国总工会，办公室主任由全国总工会党组书记、副主席、书记处第一书记担任。表彰全国劳动模范和先进工作者有关工作由全国总工会牵头负责。各省（区市）劳模表彰大会一般每五年召开一次，由省（区、市）委省（区、市）政府召开，工会和有关部门共同组织实施。

三、劳模的管理服务

（一）劳模身份的认定

全国劳模：自1950年至2020年，共16次全国劳模表彰大会表彰的先进个人以及1979年以来先后7次零星表彰的23名全国劳动模范。

省部级劳模：省级劳模身份认定根据各地表彰文件确定；部（委）劳模身份认定以1995年（1994年，人事部下发《关于加强国务院工作部门授予部级劳模称号工作管理的通知》规定，须经人事部批准）为界，原则上之前表彰的部（委）劳模身份由原相关全国产业工会认定，之后的由人力资源和社会保障部认定。

（二）劳模的管理服务

建立劳模管理档案和健康档案，对重大事项及时报告，目前全总搭建了全国统一的劳模管理信息平台，保证了劳模动态管理的连续性和准确性。同时，做好对劳模的关爱联系及教育培养工作，提高劳模退休金，安排劳模体检（每年为省部级以上劳模免费体检一次）和疗休养，切实解决劳模的生活困难。2003 年，中央财政设立全国劳模专项补助资金，用于劳模生活困难补助、特殊困难帮扶、春节慰问、疗休养和健康体检补助，这一举措，有效缓解了劳模的生活困难，产生了良好的社会反响。全国各地通过设立劳模荣誉津贴、办理补充养老保险等举措，有力地促进了劳模生活困难问题的解决。

四、劳模的作用发挥

劳模精神是时代精神的浓缩和写照，劳模的价值在于示范引领，在于榜样带动，为此，我们要充分发挥其作用，大力弘扬劳模精神、劳动精神、工匠精神，推动形成尊重劳模、爱护劳模、关心劳模、争当劳模的良好社会氛围。

（一）创造条件发挥劳模的示范引领作用

通过"传帮带"新型学徒制度、结对子互助制度等传播劳模的业务知识，提升职工技能素质；通过鼓励劳模参加社会公益活动传播其精神感召力，引领社会新风尚；通过开展企业间劳模技术交流，推广先进技术和创新经验，发挥劳模的专业特长；通过劳模协会载体，加强劳模之间学习交流、协作、联系，集中劳模人才资源优势，扩大劳模社会影响。

（二）创建工作室发挥技术创新和人才孵化作用

劳模和工匠人才创新工作室是以技术创新、管理创新、服务创新和制度创新为主要内容，以解决工作现场难题、推动所在单位创新发展为目标的创新活动团体。2017 年 7 月，全总出台了《关于进一步深化劳模和工匠人才创新工作室创建工作的意见》和《全国示范性劳模和工匠人才创新工作室命名管理工作暂行办法》，为进一步规范工作室创建、技术创新和孵化人才提供了方向。

（三）提升政治地位发挥参政议政作用

劳模在各级党代表、人大代表和政协委员中的比例不断增加，为劳模参政议政和参与重大社会活动，充分发挥他们在国家社会事务管理、基层民主管理中的重要作用创造了条件。

第五节　工人先锋号

工人先锋号是劳动竞赛活动的响亮品牌。工人先锋号是由中华全国总工会制定下发的以"创一流工作、一流服务、一流业绩、一流团队"为活动内容的荣誉称号。2007年底，全国总工会、省级总工会相继召开部署创建工人先锋号活动的电视电话会议，全总强调创建活动是打造工会工作品牌的一项重大活动，要成为全国统一、长期坚持、职工认可、影响广泛的劳动竞赛活动品牌。如今已成为一张闪亮的工会"名片"。

一、创建工人先锋号的重要意义

工人阶级是我国社会主义经济建设、政治建设、文化建设、社会建设、生态文明建设的主力军。在不同的历史时期，我国工人阶级始终站在时代前列，不畏艰险、奋力拼搏，自强不息、甘于奉献，为我国革命、建设和改革事业作出了巨大贡献。工人先锋号是加强班组建设的助推器，是培养高素质职工的摇篮，是工会组织引领职工发扬工人阶级优良传统、发挥工人阶级主力军作用、推动经济社会发展的重要手段。

开展创建工人先锋号活动，有利于激发职工热爱本职、钻研技术、创新管理、提高效益的工作热情和创造活力，不断发展工人阶级的先进性；

有利于发挥我国工人阶级在国家经济社会发展中的主力军作用，推动全心全意依靠工人阶级指导方针的贯彻落实；有利于促进和谐劳动关系、和谐企业、和谐社会建设，实现共建共享，推动经济社会又好又快发展；有利于扩大工会组织的影响力、吸引力和感召力，充分发挥工会在组织、引导、服务职工和维护职工权益等方面的作用。

深入开展创建工人先锋号活动，是广泛深入持久开展"建功'十四五'、奋进新征程"主题劳动和技能竞赛的重要抓手，是依靠主力军、建设主力军、发展主力军的重要举措，也是贯彻"组织起来、切实维权"工作方针、落实中国特色社会主义工会维权观、坚持中国特色社会主义工会发展道路的具体体现。通过创建活动激励职工立足本职、勤奋工作、学赶先进、争创一流，充分展示工人阶级在推进经济社会发展中的主力军作用和主人翁风采。

二、工人先锋号荣誉称号的评选管理

明确工人先锋号的评选标准。工人先锋号是集体的荣誉，需要团队的合作精神。工人先锋号的深刻内涵在于"先锋"，核心是"争创一流"，一流工作、一流服务、一流业绩、一流团队。四个"一流"相辅相成，一流工作强调的是基础，一流服务强调的是理念，一流业绩强调的是目标，一流团队强调的是精神。其中核心是"一流业绩"，只有创造"一流业绩"才能产生效益，才能足以服人，才具有示范、引领、带动和激励的作用。因此，在实际的考核评选中，关键是要把握住是否创造"一流业绩"的标准。判断是否创造了一流业绩，不能要求这个集体的所有工作都是一流的，只要其在某一方面特别是在产品数量、质量、管理或技术创新上，有明显突破、有突出成效，在本地区、本行业名列前茅，就可以看作符合工人先锋号的评价标准。

2023 年 12 月 28 日，全国总工会出台《全国五一劳动奖状　全国五一劳动奖章　全国工人先锋号评选管理工作办法》（以下简称《办法》）。《办法》规定，全国工人先锋号的评选管理工作，以习近平新时代中国特色社会主义思想为指导，围绕中心、服务大局，大力弘扬劳模精神、劳动精神、工匠精神，充分发挥先进集体和模范人物的榜样示范导向作用，激励广大职工发扬工人阶级伟大品格，坚定不移地走中国特色社会主义道路，爱岗敬业、争创一流，艰苦奋斗、勇于创新，淡泊名利、甘于奉献，为全面建设社会主义现代化国家、全面推进中华民族伟大复兴贡献智慧和力量。全国工人先锋号授予在我国境内依法注册或登记的企业、事业、机关、社会组织及其他组织以及驻外机构所属的部门或单位。

获得全国工人先锋号的基本条件是：坚决拥护中国共产党的领导和社会主义制度，深入贯彻习近平新时代中国特色社会主义思想，认真执行党的路线方针政策，严格遵守国家法律法规，组织健全，领导班子团结有力；节能减排，注重保护生态环境；科技进步，不断提高自主创新能力；安全生产，监督管理机制健全；尊重劳动，保障职工合法权益，劳动关系和谐稳定；诚实守信，自觉履行社会责任，经济、社会效益居本地区或本行业领先水平；一般具有省级五一劳动奖状、省级工人先锋号或以上表彰的荣誉基础。

评选全国工人先锋号要体现政治性、先进性、群众性，面向基层、面向一线、面向普通劳动者，坚持公开、公平、公正的原则，严格推荐评选审批程序，接受群众监督、社会监督和舆论监督。全国工人先锋号获得者应自下而上产生，须经所在单位民主推荐、职工代表大会或居民（代表）会议讨论通过，上级工会审核同意，中华全国总工会评审表彰工作领导小组审查、书记处审批等程序，并在一定范围内公示。

除召开全国劳模表彰大会的年份外，全国工人先锋号每年"五一"前集中评选表彰一次。对符合评选表彰基本条件且具备下列条件之一者可单列名额。

（1）在国家重大战略、重大工程、重大项目、重点产业开展的关键阶段或关键环节作出突出贡献的；

（2）在奥运会、残奥会等国际重大赛事中创造优异成绩为祖国争得荣誉的，以及为举办奥运会、残奥会、亚运会、亚残运会等国际重大活动作出突出贡献的；

（3）在抢险救灾、处置突发事件或者完成重大专项任务中作出突出贡献，在社会上产生极大反响的；

（4）在中华全国总工会书记处批准的全国引领性劳动和技能竞赛中作出突出贡献的；

（5）在其他方面作出突出贡献，经中华全国总工会书记处批准需要单列名额的。以中华全国总工会名义主办或参与主办的职工职业技能比赛的优胜选手可申报单列名额，具体按照中华全国总工会制定的《职工职业技能比赛授予全国五一劳动奖章管理办法》实施。

符合以上条件的对象，一般不当时表彰，调整到次年"五一"前夕与年度集中表彰一并进行，名额单列。如时效性较强、确须及时进行表彰的，经中华全国总工会书记处审定，报国家表彰奖励主管部门批准后，可按照国家有关及时性表彰管理规定实施及时性表彰。单列名额由相关省、自治区、直辖市总工会或全国产业工会、中华全国总工会相关部门申报，中华全国总工会劳动和经济工作部每年年底前统筹研究，纳入次年集中表彰方案统一呈报中华全国总工会书记处，审批同意后，按照推荐评选程序，于"五一"前夕统一表彰。

全国工人先锋号的奖励实行精神鼓励和物质奖励相结合，以精神鼓励为主的原则。中华全国总工会对获奖的先进集体、先进个人颁发证书、奖状、奖章或奖牌，对个人给予一次性物质奖励。

全国工人先锋号获得者管理工作的主要任务是：

（1）建立管理制度，完善评选管理机制，制定和协调落实有关政策，做好信访接待工作；

（2）加强基础工作，建立健全管理档案，实行动态管理，重大情况及时报告；

（3）宣传全国五一劳动奖状、全国五一劳动奖章、全国工人先锋号获得者的先进事迹，总结推广他们的先进经验，充分发挥其在经济社会发展中的示范导向作用；

（4）关心全国五一劳动奖章获得者的思想、工作和生活，帮助他们解决生产生活等困难，依法维护他们的合法权益；

（5）做好与全国五一劳动奖状、全国五一劳动奖章、全国工人先锋号获得者有关的其他工作。

有下列情形之一者，撤销全国工人先锋号荣誉，收回证书、奖状或奖牌。

（1）弄虚作假，骗取荣誉的；

（2）发生重特大生产安全事故或严重职业危害的；

（3）发生群体性事件或重大负面舆情事件，造成恶劣影响的；

（4）拖欠职工工资，欠缴职工养老、工伤、医疗、失业、生育保险等，拒不改正的；

（5）被列入严重失信主体名单的；

（6）其他不宜保留荣誉的。

原推荐单位或现所在单位对查实具有以上规定情形的，应当在15个工作日内依照评选审批程序逐级上报，所在省、自治区、直辖市总工会或全国产业工会向中华全国总工会提出书面报告，经中华全国总工会审核批准后，撤销荣誉，收回证书、奖章或奖牌，告知有关方面取消相应待遇。中华全国总工会对查实具有以上规定情形的，可以直接撤销荣誉，收回证书、奖章或奖牌，告知有关方面取消相应待遇，并书面通报现所在单位和推荐单位。

三、创建工人先锋号的注意事项

1.全国工人先锋号实行动态管理。获得全国工人先锋号的集体，要在工作现场醒目位置悬挂"工人先锋号"牌匾，接受公众监督。全国总工会和省（区、市）总工会将定期或不定期对其工作进行考核检查，不符合条件的限期整改，整改达不到要求的取消称号，收回牌匾。

2.广泛宣传，扩大影响。要结合本地区、本行业的实际，掀起创建工人先锋号活动的高潮。要精心制订创建方案，认真落实创建规划，有计划、有步骤地全面推进创建活动。要拓宽创建领域，深化创建内容，创新创建方式，增强创建效果。要深入基层，加强调查研究和分类指导，善于发现典型，及时总结推广先进经验。创建工人先锋号活动，重在创建过程、重在群众评价、重在保持荣誉、重在社会影响。要把选拔工人先锋号的过程，作为学习宣传工人先锋号，激励广大职工为现代化建设作贡献的过程，从而吸引更多的职工积极投入创建活动。要通过各种媒体对创建活动进行集中宣传报道，以形成浓厚的创建氛围。

3.完善工人先锋号管理机制。首先，在保证质量的前提下坚持不断扩面，每年开展工人先锋号命名工作，并将活动不断向各行各业延伸。其次，建立工人先锋号预备机制，各县市区总工会和市级产业工会要根据"四个一流"要求，各自建立数量不等的工人先锋号预备集体，精心加以指导、培育，等条件成熟了便向上级工会推荐，申报命名。这样，既可以充分发挥各级工会在创建活动中的作用，使中间层次的工会组织，如县（市）、区、市级产业工会和乡镇街道、工业园区工会等也能参与创建活动实际操作，又能保证工人先锋号的数量和质量，以充分挖掘创建活动的源头活水。再次，坚持逐级提升的原则命名工人先锋号。自设区市总工会开始，逐级推荐命名，不搞越级推荐命名。第四，开展创建活动检查督促工作，建立工人先锋号退出机制。基层工会在管理中负有重要责任，定期向上级工会汇报工人先锋号活动情况，如遇到困难或出现异常情况，基层工会及时介入，协调解决。县市区总工会对所属基层工人先锋号定期进行抽查。如发现工人先锋号的"先锋"成色不足，失去"先锋"作用，予以取消称号，收回牌匾。第五，定期召开经验交流会。每年举办一次交流、研讨活动，总结开展创建活动的先进典型，摸索创建活动的科学规律。

4.完善创建工人先锋号激励机制。加强创建活动激励机制建设，给予工人先锋号集体以适当的精神鼓励和物质奖励，并通过创建活动，让基层广大职工共享创建活动成果，是创建活动的重要组成部分，也是创建活动能够长期坚持、不断提升、扩大成效的一个重要因素。评选劳模是工会的优势资源，要充分利用有利条件，以此激励调动基层企业创建工人先锋号的积极性和主动性。在开展创建活动的同时，通过技能竞赛、提合理化建议、职代会、集体合同、工资专项合同等一系列活动载体，推动企事业单位落实职工的各项合法权益，推动企业不断提升自主创新能力、提高核心竞争力，进一步调动企业经营者、基层工会、职工群众等各方面创建工人先锋号的积极性，形成企业利润与职工收入同步增长的局面，使广大职工在活动中取得实际好处，共享企业发展成果。

5.突出工人先锋号品牌的个性特征，做好"四个结合"。一是把创建工人先锋号与劳动竞赛活动有机结合起来。建立健全在劳动竞赛活动中创建工人先锋号竞争机制和激励机制，积极推进工人先锋号授予方式的创新。注重在重点项目百日劳动竞赛中开展工人先锋号创建活动。积极探索、善于发现、敢于尝试更多形式的劳动竞赛项目，进一步发挥区域性、行业性劳动竞赛的带动作用，把工人先锋号这一品牌向更宽的领域拓展，把工人先锋号打造成为引领广大职工坚定信心、应对挑战，推动经济发展的一面旗帜。二是把创建工人先锋号与职工经济技术创新活动有机结合起来。将开展合理化建议、技术革新、技术攻关、发明创造及"五小"（小革新、小发明、小改造、小设计、小建议）等活动纳入工人先锋号创建内容，在工人先锋号集体中组织开展以"我为企业发展献一计"为主题的"金点子"大赛活动，发挥工人先锋号引领作用。三是把创建工人先锋号与"我为节能减排作贡献"活动有机结合起来。将低碳理念、生态文明观念等纳入工人先锋号创建内容，引导广大职工从自己做起，节约资源、保护环境；引导职工立足岗位节能降耗，不断开发和推广使用节能减排技术。四是把创建工人先锋号与大力弘扬先模精神有机结合起来。优先推荐在创建工人先锋号过程中涌现出来的优秀劳动者评选各级劳动模范。

第六节　"五小"活动

开展小发明、小创造、小革新、小设计、小建议活动（以下简称"五小"活动）是工会的一项传统工作，对于鼓励广大职工立足本职岗位，发挥聪明才智，激发创新意识，提高技术技能水平，充分发挥广大职工的主力军作用有着十分重要的现实意义。开展好"五小"活动，应坚持的基本原则是：要坚持以职工为中心，尊重职工首创精神，让职工当主角，动员职工群众参与活动的各个环节，夯实活动的群众基础；要坚持以需求为导向，围绕生产经营的重点和难点，紧密结合岗位实际，根据市场需求、企业需要、职工期盼开展活动；要坚持在继承中创新，在总结以往经验做法的基础上，适应新时代新要求，不断丰富和完善竞赛内容，创新活动方式和载体；要坚持共建共享，通过抓好活动激励，在促进企业发展的同时让职工受益，增强职工获得感。同时，做好"五小"活动的宣传推广工作，把"五小"活动打造成在职工中有较强感召力、在社会上有广泛影响力的品牌。

一、立足岗位开展"五小"活动

1.重视发现和解决岗位难点问题。要从发现问题入手，组织一线职工、立足一线岗位、解决一线问题。重点围绕提升产品、服务、工程质量和效益，改造落后的技术设备、不合理的工艺和过时的操作方法，推动节能降耗、污染防治、生态环境保护，促进劳动安全和职业健康，提升企业管理水平和服务水平等方面开展活动。

2.把合理化建议摆到突出位置。合理化建议活动，是职工发扬主人翁精神和发挥聪明才智的有效形式，也是职工参与企业管理、推动技术进步的重要途径。把合理化建议作为"五小"活动最基础最重要的环节，一方面要增强广泛性，提高合理化建议的参与率，组织广大职工积极参与；另一方面要增强实效性，提高合理化建议的质量，促进合理化建议的采纳和实施。

3.完善"五小"活动体系。进一步完善以岗位创新、班组（团队）创新、劳模和工匠人才（职工）创新工作室以及创新工作室联盟等为主要内容的"五小"活动体系，形成基础广泛、人才集聚、成果丰硕的良好局面。发挥职工技协的组织优势、人才优势和阵地优势，开展技术交流、技术协作、技术帮扶等活动，在"五小"活动中发挥骨干作用。

4.创新"五小"活动方式方法。按照建设"工会数智化"的要求，运用"互联网+"、移动客户端、大数据、云计算等现代化手段组织开展"五小"活动，提升活动在策划动员、组织实施、考核评选等各个环节的智能化水平，增强活动的先进性、便利性和趣味性。在活动中设置形式多样、职工喜闻乐见的比赛项目，设立创新看板等可视化载体，增加活动的"赛味",更好地激发广大职工的积极性,使活动更具吸引力和感召力。

二、大力增强职工岗位创新能力

1.增强职工创新意识。职工是"五小"活动的参与者,是岗位创新的主力军。要引导职工充分认识技术创新的重要性,充分认识"改善改进也是创新",树立"时时可创新、处处可创新、人人可创新"的理念。通过"工匠论坛""职工创新大讲堂"等形式,推广普及创新方法,激发职工创新潜能,动员职工立足岗位开展技术创新、管理创新和服务创新。

2.提升职工技能素质。要围绕提升职工技能水平和创新能力组织开展群众性、常态化的岗位练兵活动,注重线上线下相结合,引导职工在干中学、学中练。积极协助政府和企业推广现代学徒制和企业新型学徒制,采取"一带一""一带多""多带多"等多种形式,促进师带徒活动创新发展,做好传帮带。广泛开展技能比武、技术培训等活动,强化实战化要求,让先进生产技术和先进操作方法为更多的职工所掌握。

3.营造良好创新氛围。大力弘扬劳模精神、劳动精神、工匠精神,注重从"五小"活动中发现、培养、选树劳动模范和工匠人才,特别是优秀技能人才和一线职工典型,宣传他们的先进事迹,推广他们的劳动技能、创新方法、管理经验,充分发挥其示范带头作用。把职工创新纳入企业创新体系,把"竞赛文化"融入企业文化和职工文化当中,鼓励创新,既要重视结果,也要重视过程,不断增强职工创新勇气,引导职工积极投身"五小"活动。

三、进一步扩大"五小"活动覆盖面

1.推动"五小"活动从国有企业向非公企业拓展。要系统总结国有企业开展活动的经验和做法,在展现良好成效的同时,推动活动不断向科学化、制度化、规范化发展。积极探索非公企业开展活动的新途径、新模式,选好切入点和突破口,加强分类指导,重点推进已建工会规模以上非公企业劳动和技能竞赛,带动中小企业活动的普遍开展。

2.推动"五小"活动从生产领域向管理、服务等领域延伸。生产、管理和服务都是企业运营的重要环节。要推动"五小"活动从一线生产岗位向管理岗位、服务岗位延伸，充分发挥每一个技术工人、科技人员和管理人员的聪明才智，努力形成全方位、全领域的活动新格局。在组织职工创新产品技术、工艺和设备的同时，围绕管理方式、管理手段、管理模式等进行创新，不断提升企业管理水平；围绕服务方法、服务途径、服务市场等进行创新，进一步提高服务质量和水平。

3.推动"五小"活动从企业向机关事业单位扩展。"五小"活动作为发挥职工积极性、动员职工岗位建功的载体和手段，不仅适用于企业，同样适用于机关事业单位。机关事业单位可借鉴企业开展"五小"活动的经验，结合自身实际，动员职工从提升岗位技能、改进工作方法、提高工作效率等方面入手开展"五小"活动，交流工作经验，进一步提升机关事业单位的管理服务水平。

四、促进"五小"活动成果的推广和转化

1.搭建职工创新成果交流、转化平台。通过组建技能人才（劳模）服务队、劳模和工匠人才创新工作室联盟、举办创新成果展示活动等，积极推动"五小"创新成果走出班组、走出企业、走向社会。积极参与技术市场活动，有条件的地区和企业要建立职工创新成果库，充分利用科技中介机构开展技术开发、技术转让、技术咨询、技术服务活动，与有关部门联合开展创新辅导、项目对接、产业论坛、人才服务、产学研用合作等活动，促进创新成果转化。

2.重视职工创新成果知识产权保护。要在职工中开展知识产权普及教育，增强职工知识产权意识，加强专利宣传和咨询服务，依托有关机构和专家帮助职工做好创新成果的专利申请。推动有关部门通过源头追溯、实时监测、在线识别等强化知识产权保护，保护职工创新成果。积极推荐职工优秀创新成果参评国家科技进步奖、中国专利奖等奖项。

3.加大创新成果应用和孵化力度。注重对职工的创新提案进行分类整理，分段控制，及时反馈，保证创新提案的科学性、针对性和可行性。积

极争取行政主管部门和企业的支持，利用科技成果孵化基地，组织开展专题项目开发，加大产业化扶持力度。活动中创造出来的先进技术、工具、工作法、管理经验等要通过成果表彰、举办培训班、现场讲解演示等方法进行推广。

第七节 QC 小组

一、QC 小组

QC 小组，全称质量管理小组活动，1978 年引入我国。作为一种质量改进方法，QC 小组活动在我国从试点到全面推行已有四十多年。经过引进、试点、推广，现在已成为现代企业质量管理活动中不可缺少的重要管理手段之一。

QC 小组包含四层含义，具体如下。

（1）参加 QC 小组的人员是企业的全体员工，不管是高层领导，还是一般管理者、技术人员、工人、服务人员，都可以组织 QC 小组。

（2）QC 小组活动的选题是广泛的，可以围绕企业的经营战略、方针目标和现场存在的问题来组织选题。

（3）QC 小组活动的目的是提高人的素质，发挥人的积极性和创造性，改进质量，降低消耗，改善环境，提高经济效益。

（4）QC 小组活动强调运用质量管理理论和方法开展活动，突出其科学性。

QC 小组与行政班组的不同之处表现在以下几个方面。

1.组织原则不同。行政班组一般是企业根据专业分工与协作的要求，按照效率原则，自上而下地建立的，是基层的行政组织；QC 小组通常是根据活动课题涉及的范围，按照兴趣或感情的原则，自下而上或上下结合组建的群众性组织，带有非正式组织的特性。

2.活动目的不同。行政班组活动的目的是组织职工完成上级下达的各项生产经营任务与技术经济指标；而 QC 小组则是以提高人的素质，改进质量，降低消耗和提高经济效益为目的，组织起来开展活动的小组。

3.活动方式不同。行政班组的日常活动，通常是在本班组内进行的；而 QC 小组可以在行政班组内组织，也可以是跨班组，甚至是跨部门、跨车间组织起来的多种组织形式，以便开展活动。QC 小组与传统的技术革新小组也有所不同。传统的技术革新小组侧重于专业技术进行攻关；而 QC 小组不仅活动的选题要比技术革新小组广泛得多，而且在活动中强调运用全面质量管理的理论和方法，强调活动程序的科学化。

二、QC 小组特征

（1）明显的自主性。

员工积极主动地参与进来是开展 QC 小组活动的前提条件，通过自主管理的方式来达到共同改进的目的，并注重将小组人员的才能与能动性进行充分发挥。

（2）广泛的群众性。

QC 小组是吸纳大量员工主动融入质量管理活动的一种组织方式，不只是涉及管理层、技术工作者，并且更加倾向制造、服务岗位的员工。大量员工通过小组学习技术、理论，展现自身的才能，从而更好地解决工作中出现的难题。

（3）高度的民主性。

这不仅是指 QC 小组的主管是成员推荐的，也指 QC 小组人员可以轮流出任组长，从而更好地发现与培育管理人员。与此同时，还指在 QC 小组内部探讨难题、处理难题时，所有人员均是处于平等地位的，不会有岗位与技术之分，每个人均能发表自身的意见与想法，彼此启迪，群策群力，为落实发展目标提供保障。

（4）严谨的科学性。

在活动开展过程中，QC 小组将以科学的工作流程为核心，深层次地研究与处理其中存在的难题；在开展活动过程中一直用数据说明问题，借助合理的方式来研究与处理问题，并非凭借自身经验来开展活动。

三、QC 小组作用

（1）提升员工素养，带动员工的能动性与热情。

这是活动的立足点，是公司管理由以物质为核心朝着以人为本方向进行变化的重要呈现。如果说员工按要求完成自身分内之事是为了留在自身职位上，那么组织小组活动，就是在普通的就业岗位上展开创造性工作。让员工发现自身不足之处，和同事共同分析讨论，解决存在的难题，改变工作氛围，进而体会到成功的乐趣，感受到本身价值与工作的现实作用，感受到生活的丰富。当员工有了如此的体会，就会出现较高的工作积极性，激发较高的热情，本身的潜力与才能也会得到一定的体现。如此一来，公司才会更加活跃，展现出充满竞争力、凝聚力的状态。

（2）改进质量，降低消耗，提高经济效益。

减少资源耗损，不只是涉及经济成本，还涉及劳动力的损耗。这是减少费用支出的重要方法，也是实现利润增长的关键所在。如果想要获得更多的利润，必须依靠科学技术的发展，以及效率的提高。利用组织 QC 小组活动，逐步提升制造、服务效益，减少资源耗损，提升物质资源的使用率，从而提高经济效益。

（3）构建和谐、愉悦的工作环境。

现场是员工从事各项活动，带来经济效益的重要场所。基层工作的大多数时间是在现场度过的。利用组织 QC 小组活动，改进现场管理环境，构建出和谐、愉悦的工作环境。

四、QC 小组运行程序

（1）选题。QC 小组活动课题选择，一般应根据企业方针目标和中心工作，根据现场存在的薄弱环节，根据用户（包括下道工序）的需要进行。从广义的质量概念出发，QC 小组的选题范围涉及企业各个方面工作，概括成以下几个：加强思想政治工作，提高职工素质；提高质量，降低成本；设备管理；提高出勤率、工时利用率和劳动生产率；加强定额管理，开发新品，开设新的服务项目；安全生产，治理"三废"，改善环境；提高顾客（用户）满意率，加强企业内部管理。

（2）确定目标值。课题选定以后，应确定合理的目标值。目标值的确定要注重定量化，使小组成员有明确的努力方向，便于检查活动成果，还要注重实现目标值的可能性，既要防止目标值定得太低，小组活动缺乏意义，又要防止目标值定得太高，久攻不克，使小组成员失去信心。

（3）调查现状。为了解课题的目前状况，必须认真做好现状调查。在进行现状调查时，应根据实际情况，应用不同的 QC 工具（如调查表、排列图、折线图、柱状图、直方图、管理图、饼分图等），进行数据的搜集整理。

（4）分析原因。对调查后掌握到的现状，要发动全体组员动脑筋、想办法，依靠掌握的数据，通过开"诸葛亮"会集思广益，选用适当的 QC 工具（如因果图、关联图、系统图、相关图、排列图等）进行分析。

（5）找出主要原因。经过分析，根据"关键的少数和次要的多数"原理，少数要素往往占据最重要的位置，从中找出主要原因。在寻找主要原因时，可根据实际需要应用排列图、关联图、相关图、矩阵分析、分层法等不同分析方法。

（6）制订措施。主要原因确定后，制订相应的措施计划，明确各项问题的具体措施，要达到的目的，谁来做，何时完成以及检查人。

（7）实施措施。按措施计划分工实施。小组长要组织成员定期或不定期地研究实施情况，随时了解课题进展，发现新问题要及时研究、调查措施计划，以达到活动目标。

（8）检查效果。措施实施后，应进行效果检查。效果检查是把措施实施前后的情况进行对比，看其实施后的效果，是否达到了预定的目标。如果达到了预定的目标，小组就可以进入下一步工作；如果没有达到预定目标，就应对计划的执行情况及其可行性进行分析，找出原因，在下一次循环中加以改进。

（9）制订巩固措施。达到了预定的目标值，说明该课题已经完成。但为了保证成果得到巩固，小组必须将一些行之有效的措施或方法纳入工作标准、工艺规程或管理标准，经有关部门审定后纳入企业有关标准或文件。如果课题的内容只涉及本班组，那就可以通过班组守则、岗位责任制等形式加以巩固。

（10）分析遗留问题。小组通过活动取得了一定的成果，也就是经过了一个 PDCA 循环。这时候，应对遗留问题进行分析，并将其作为下一次活动的课题，进入新的 PDCA 循环。

（11）总结成果资料。小组将活动的成果进行总结，是自我提高的重要环节，也是成果发表的必要准备，还是总结经验、找出问题，进行下一个循环的开始。

以上步骤是 QC 小组活动的全过程，体现了一个完整的 PDCA 循环。由于 QC 小组每次取得成果后，能够将遗留问题作为小组下个循环的课题（如没有遗留问题，则提出新的打算），因此就使 QC 小组活动能够深入持久开展，推动 PDCA 循环不断前进。

五、发挥 QC 小组作用的关键环节

1.领导要重视开展 QC 小组活动。在企业中，企业的决策层（企业的最高管理层）是推进全面质量管理和 QC 小组活动的关键。有企业的领导参与、支持，许多问题，如激励政策、奖励制度、QC 小组活动的时间、活动资金和活动计划等问题才能实实在在得到解决。事实上，很多成功开展 QC 小组活动的企业，都是决策层的领导亲身参与 QC 小组活动，亲手撰写成果报告、发表成果，身体力行地对 QC 小组活动给予大力支持，有助于推动企业 QC 小组活动的顺利开展并取得优秀成果。同时，企业中层管理干部参与 QC 小组活动也是提高 QC 成果率的重要因素。

2.提高 QC 小组成员的素质，发挥企业领导和专家的作用。企业中专门从事 QC 小组活动的推进部门和推进人员的作用，对 QC 小组活动的开展是至关重要的。首先，推进部门要给决策层起参谋、建议作用，要灌输、引导和说服决策者赞同自己的观点和谋划，争取他们的支持。其次，要将上级的要求、意图结合企业的实际，制定相应的政策、制度和措施，组织

并规范员工参加活动，调动员工的参与热情和积极性。再次，对员工要进行全面质量管理基本理论知识和 QC 小组活动知识教育，培训骨干人员。对具体的 QC 小组，特别是以生产现场工人为主体的 QC 小组，要进行灵活具体的指导、检查、督促，帮助他们对活动过程进行认真总结，使过程得到完善充实和提高。对确有成效的 QC 小组，要通过奖励、评优等形式激发 QC 小组人员的成就感和积极性。事实上，许多企业生产现场的 QC 小组，没有精力和能力对取得的成果进行提炼和升华，只有依靠企业推进部门和推进者。

3.转换 QC 小组活动角色，创新质量管理小组活动模式。有的企业在相当长的时间内，QC 小组活动在组织业务的夹缝当中生存，既没有时间又得不到领导实质性的支持，其主要原因是领导 QC 小组活动的实效性。这就需要 QC 小组成员站在组织经营者的角度上进行改善活动。要拓宽课题的范围，不拘泥于自选课题模式，组织高层管理人员根据企业的质量方针和业务需要多下一些指令性的课题。基层领导要充分重视 QC 小组推进活动，跟踪和推进小组的活动，积极参与小组的活动。转换 QC 小组活动角色，创新质量管理小组活动模式，将 QC 小组活动与企业的整体运营紧密结合起来，QC 小组活动要紧紧围绕企业的发展目标开展。导入 QC 小组活动的基本思想，统一全体员工的思想，使全体员工感到有方向性，并将其作为重大的精神支柱。QC 小组活动是一种积聚众人智慧的集体活动，必须具备一定的凝聚力，精髓就是 QC 小组活动的基本指导思想。实践经验证明，无论任何组织、任何活动，都必须有自己的基本思想。一是充分发挥每个人的能力，调动所有员工的积极性；二是以人为本，改善员工的工作环境；三是创造良好的质量文化，形成所有员工在企业的各个生产工作环节关心质量的意识和氛围。

4.组建高效实干的活动团队，建立以人为本的活动推进体系。QC 小组活动不是靠哪一个人或几个人可以完成的，特别是项目较为复杂、程序和内容较多的工作，需要全体小组人员的共同努力，经过多次反复试验和论证才能完成。因此，各 QC 小组人员参与意识和理论水平决定着 QC 小组活动质量和成果率。培养一大批有热情、有理论水平的 QC 小组活动骨干人员就显得很重要。只有他们掌握了一定的质量管理基本理论知识和 QC 小组活动基本技能、积极投身于 QC 小组活动，才能保证 QC 小组活动顺利开展。建立表彰激励制度能有效地激励员工的士气，让员工感觉到自己的活动成果能得到组织领导的认同，员工就会感到有成就感，就会自觉地、自主地开展 QC 小组活动。建立评价 QC 小组活动机制。对于 QC 小组活动必须进行评价与考核。主管领导应该经常进行 QC 小组活动的检查和指导，并且要求 QC 小组的每次活动都有记录。作为企业内 QC 小组活动推进部门，应引导 QC 小组活动向更为人性化的方向发展。比如，重视每一份提案，挖掘员工潜能，凝聚员工智慧，为员工创造轻松愉快的工作环境。在开展 QC 小组活动时，领导应多鼓励、多表扬，提高员工的工作热情。现在有的企业开展 QC 小组活动员工的积极性和参与性不高，主要原因是激励政策不到位。因此，企业要建立质量奖励机制，执行质量奖励制度，落实质量奖励政策，积极兑现 QC 小组活动成果奖励。要持续有效地推进 QC 小组活动，企业须适应新形势的变化，转变观念，谋求创新，建立以人为本的推进体系。

5.开展持续不断的质量教育，保证 QC 小组活动开展。质量教育是 QC 小组活动开展的基础和前提。一方面，企业职工的文化素质，决定着 QC 小组人员对 QC 知识的理解和掌握程度；另一方面，员工专业知识和质量管理基本知识与 QC 活动技能的学习，决定着 QC 小组人员对各项专业技能和提高工作质量的方式与技巧。因此，不断提高员工的文化素质、质量管理基本理论和技术业务水平，保证 QC 小组活动的各项具体计划、对策得到切实落实是质量教育的重要且艰巨的任务。只有把质量教育工作做好，系统地培训一大批 QC 小组活动领导者和骨干人员，QC 小组活动才会形成气候。经常开展多种形式的教育活动，如技术研究、咨询诊断、专题讲座、论文撰写、知识竞赛、QC 成果发表和出宣传栏、黑板报等多种形式，把质量方面的基本理论和专业知识、政策、法规宣贯到每个小组成员，让 QC 小组成员运用先进的工具、科学管理方法开展活动。通过发现问题、落实措施并解决问题，确保各项 QC 活动取得实效。

6.建立质量管理活动管理制度，规范质量管理活动。企业要及时建立质量管理小组管理制度和质量管理小组活动奖励办法，对 QC 小组活动过程和取得的成果进行指导、监督和奖励，这是保证 QC 小组活动正常开展、调动员工参与 QC 小组活动的积极性和创造性，解决企业生产、管理和各项工作中存在问题的十分有效的措施。QC 小组活动只有纳入企业的规章制度，奖励政策又能及时兑现，才能保证在任何情况下 QC 小组活动均能正常、健康开展。如果不能把 QC 小组活动的要求、方法和奖励政策落到实处，员工的积极性就不可能调动起来，QC 小组活动就不可能取得实效，企业的经济利益也就得不到保证和提高。在执行质量管理小组管理制度和规范 QC 小组活动过程中，必须严格按照 QC 小组活动中 PDCA 循环和闭环管理的基本原则、要求开展活动，保证 QC 小组活动符合持续改进生产、管理和服务等各方面质量问题的宗旨和目的。

 案例

3C 质量管理模式下的 QC 小组活动探索与实践

来源：《电子勘测设计》2023（增刊 S1）

质量管理小组活动作为推行质量管理体系的有力抓手和实施质量强企的重要驱动力之一，围绕企业发展战略和主营业务，坚持"小、实、活、新"原则，通过应用先进质量工具，积极开展质量改进和技术创新，有力提升企业质量水平，助力打造一流企业品牌，推动企业高质量发展。

一、3C 质量管理模式

中国能源建设集团江苏省电力设计院有限公司江苏院（以下简称江苏院）20 世纪 80 年代推行 TQM 全面质量管理，90 年代中期通过 ISO9000 质量管理体系贯标认证，并在此基础上形成了理念、制度与行为的"三位一体"的"创（Creation）、标（Criterion）、精（Caution）"3C 质量管理模式。该模式立足企业运营全过程大质量概念，强调客户满意为宗旨，将战略、指标、价值链、制度流程、绩效评价与改进融为一体，形成了一套以质量管理为统领，勘测、咨询、设计、总承包服务过程和管理质量相互统一衔接的质量管理体系，能够快速响应和满足客户需求。

在理念层面关注的是质量管理目标，强调创新、创优、创效，通过技术创新、设计创优实现创造更好的效益、更高的效率和更优的效能，为员工、企业与社会创造更多的价值，从而能真正实现公司持续健康发展的质量目标。

在制度层面关注的是标准体系建设，通过管理标准、技术标准和岗位标准，提高公司管理规范化水平，明确公司质量管理的要求。在企业运营过程中，统一规范、统一行动、步调一致，是国际化、多元化管理的难点。公司设有标准化管理委员会，负责推进覆盖全链条的标准体系的建设完善。通过 EMIS 综合信息管理平台，实现工程项目标准化管控，有效提升设计质量与效率。

在行为层面关注的是质量管理活动，践行"精细化设计、精心化服务、精益化管理"的思想理念。在开展勘测、设计、咨询业务时力求精细化设计，从顾客需求获取到产品交付全过程做到"三心"服务：强化服务让业主"放心"、主动服务使业主"省心"、真诚服务与业主"知心"，在生产、经营与内控（安全、财务、法务、审计、后勤）等方面推行精益化管理，为业主提供优质的产品和服务，从而更好地提高企业的管理效益和质量品牌。

二、QC 小组活动开展情况

质量管理小组亦称 QC（Quality Control）小组，是"由生产、服务及管理等工作岗位的员工自愿结合，围绕组织的经营战略、方针目标和现场存在的问题，以改进质量、降低消耗、提高人的素质和经济效益为目的，运用质量管理理论和方法开展活动的团队"。

江苏院在 20 世纪 80 年代推行全面质量管理的同时，便引导员工开展质量管理小组活动，在公司 3C 质量管理模式框架下，QC 小组活动成为行为层面质量提升的有效抓手，通过来自生产一线、自愿结合的基层员工，按照 PDCA 循环开展一系列"小、实、活、新"的质量管理活动，解决了公司生产过程中存在的实际问题，使公司产品质量得到明显提升，为公司发展注入了生机和活力。

随着企业全过程、全方位质量管理工作的深入推进，员工质量意识、品牌意识不断提高，QC 小组作为江苏院 3C 质量管理模式中行为层面的重要载体，在江苏院得到了持续广泛推进，也成为江苏院提高产品质量、提升管理水平、提高员工素质、持续向顾客提供优质产品和优良服务的重要且有效的手段之一。

近年来，江苏院质量管理小组以勘测设计产品质量和工作质量为核心，针对勘测设计过程中的难点问题进行集体攻关，每年新增 QC 成果稳定在 6~8 项，课题涉及电气、土建、勘测、风资源、通信、技经等专业，并涌现出了不少优秀的 QC 成果。比如智慧岩土 QC 小组的创新型课题《研发输电线路工程勘察智能采集协同平台》，实现了各电压等级输电线路工程岩土勘测全过程数据实时采集与高效处理，满足了全过程信息化智慧勘察的需求，填补了输变电工程勘察信息化的空白。小组成果经过推广，与 19 家勘察单位签署了技术服务合同，在拓展公司业务范围、获得显著经济效益的同时，有力推动了公司数字化战略的高效落地。又如"'经'巧神'技'" QC 小组的问题解决型课题《缩短常规光伏发电项目投资效益计算耗时》，通过制定标准化提资模板、开发光电投资效益测算软件，解决了公司在计算常规光伏发电项目投资效益时耗时偏高的问题，降低了人员消耗，提高了工作效率，为公司规模化承接光伏发电投资效益咨询业务、优质高效进行合同履约提供了有力保障。近三年来，通过 QC 小组活动成果转化取得的专利和软件著作权达十余项，助力公司打造核心技术优势。

实践证明，通过群众性质量管理小组活动的开展，公司产品和服务质量以及质量管理能力均有了明显提升，在行业内擦亮了"苏电设计"品牌，推动了公司经营业绩稳定提升。江苏院的 QC 活动也从点到面，从"要我做"，到"我要做"，发展到目前的"我们要做"，并朝着"我们习惯做"的境界升华。

三、QC 小组活动推进经验

要深入、持久地开展 QC 小组活动，有序推进和高效管理是关键。为此，江苏院近年来在"3C 质量管理模式"的整体框架下，秉承创新、创优、创效理念，加强 QC 小组制度建设，实施全员精益化管理和群众性质量提升，全面推进全员 QC 活动实践和体系，提高 QC 小组活动在企业中应用与推进的有效性，提升 QC 小组活动的效率和质量，同时多措并举调动全员参与 QC 小组活动的积极性，取得的经验主要有以下三个方面：

（1）制度建设

为推动质量管理工作深入开展，鼓励员工积极开展质量管理小组活动，自主参与质量改进和创新，以达到提高员工素质、激发员工积极性和创造性、改进质量、降低消耗、改善环境、提升组织绩效的目的，结合公司开展 QC 小组活动的实际情况制定并完善公司《质量管理小组管理办法》，用以指导公司质量管理活动。

明确归口管理职责、专人推进。企业标准明确质量环保部为公司 QC 小组活动的归口管理部门，负责公司 QC 小组活动的指导、推进、发布和申报各级优秀成果奖等工作，包括对小组活动进行中间检查、成果验收，不定期地举办经验交流会，组织 QC 学习培训和提供相关资料。同时对各子分公司、专业部主任和主工也明确了相关职责。通过制度建设确保 QC 工作得到高度重视、热情支持和积极引导。

建立 QC 活动管理平台，实行统一注册登记管理。把 QC 小组活动作为质量管理体系中质量提升的基本要求，对 QC 小组的组建、注册登记、活动方式、培训方式、成果发表及评价进行明确规定。

（2）科学推进

QC 小组的活动程序具有严密的科学性和规范性，为持续、有效地开展活动并实现目标，遵循 PDCA 循环不断地进行质量改进是 QC 小组活动的基本原则。江苏院质量管理除了在 QC 小组的实施推进中严格遵循 PDCA 循环，在 QC 小组的管理推进中亦推行 PDCA 循环，遵循事前、事中、事后科学管理，循序渐进，探索出了一条基于 PDCA 循环的"培训—选题—辅导—诊断改善—评价总结" QC 活动推进途径。

P 阶段：公司每年将 QC 小组活动列入年度质量计划，并在二级机构质量考核中进行指标分解，优秀 QC 成果成为考核加分项，积极动员各子分公司参与到 QC 活动中来。江苏院对每年新注册的小组开展 QC 活动准则和相关技能培训，并根据教育培训方面的经验，采取"走出去"和"请进来"两种方式，选派 QC 小组成员、推进人员参加中国质协、水电质协、电规协会和省行业协会等 QC 骨干、QC 评委培训班学习，并邀请行业内专家来公司进行集中授课，培养一批 QC 骨干和评委，建立公司 QC 人才库，提高人员素质。另外，在课题选择时也充分利用 QC 人才库和公司总工、副总工、专业专家等技术力量，对小组的选题予以指导，保证与公司方针目标、工程实际相一致，切实促进质量提升。

D 阶段：关注指导小组活动的开展。针对各子分公司 QC 活动开展有专业部室轮流揭榜的传统，为进一步继承和发扬前期 QC 小组的宝贵经验，要求各子分公司前一个 QC 组长作为下一个小组的指导顾问，在小组活动过程中，由各组的指导顾问对活动的实施内容、工具方法的应用进行辅导，帮助 QC 小组成员在实施过程中快速地掌握方法和工具的应用，也使经验得到传承。同时，公司质量环保部 QC 评价专家对各小组的关键活动适时进行指导，帮助小组更好地实现课题目标。

C 阶段：QC 小组在课题开展过程中，由子分公司层面组织技术力量对小组阶段性成果进行诊断；在课题结束后，由公司层面召开 QC 活动整体推进和 QC 小组课题实施两方面诊断会，同时开展 QC 成果内部发表交流会，共同交流找出不足并提出改进意见，各子分公司、QC 组长组织进行改善，完善 QC 成果。

A 阶段：公司对每个完善后的 QC 成果进行评价，组织各小组、子分公司对 QC 实施、推进经验进行总结，对优秀成果在子分公司之间进行推广运用，促进各子分公司可直接利用成果进行质量提升。同时，将优秀 QC 成果推荐到更高的平台，如省行业协会、电规协会、水电质协进行交流展示，借助外部专家力量对成果进行进一步诊断改进，实现 PDCA "大环带小环" 阶梯式提升。

PDCA 循环的科学推进有效保证了公司 QC 活动的开展，带动 QC 小组活动稳步前进和促进 QC 人才培养，为 QC 活动的持续推进奠定了良好的基础。

（3）有效激励

QC 小组的成果针对企业发展或客户需求中的痛点进行，小组成员自发在组长带领下利用工余时间攻坚克难，用热情和奉献完成了质量改进和提高效益的研究，理应通过恰当、及时和有效的奖励，让热情得到保持，并吸引更多的员工参与其中。

江苏院在 QC 活动开展过程中的激励主要包括成果奖励和综合奖励两方面。公司对获得国家、省、行业、公司等各级优秀的 QC 小组实施奖励，其奖励申请程序和奖励标准按公司《优秀工程及咨询成果奖励办法》申报。经统计，公司近三年用于 QC 小组成果奖励金额分别为 6.6 万元、7.2 万元和 13.3 万元，奖金逐年提高，且 QC 奖金占公司全部质量奖励的比重高达 60%。同时，在 QC 活动中成果突出的个人，可在公司年度"质量之星"等荣誉评选中获得显著加分，确保 QC 活动主要人员得到物质和精神双重奖励，提高全员参与 QC 活动的积极性，激发活动热情。(江苏院　中国能源建设集团江苏省电力设计院有限公司　潘晓烨等)

第六章

新时代劳动和技能竞赛的基层实践

　　基层的生产实践为劳动和技能竞赛这一传统工会品牌注入了时代内涵，广泛深入持久的竞赛要求推动这一竞赛模式从企业走向机关、事业单位、新就业形态等群体。探索不同性质的单位开展竞赛的理念和模式，有助于进一步把握竞赛规律，有效发挥竞赛作用，凝聚民力、汇集民智，为全面建成社会主义现代化强国贡献力量。

第一节　国有企业劳动和技能竞赛

劳动和技能竞赛是充分发挥劳动者积极性主动性创造性，推动国有企业提升劳动生产率、优化组织形式、提高经济效益的重要方法；是国有企业贯彻落实党全心全意依靠工人阶级根本指导方针，提升企业管理水平和技术水平，降低成本，增加效益的重要手段；是推动重大工程建设，提高管理水平，提升职工素质，促进技术进步的重要举措。对于国企工会组织来说，劳动竞赛是围绕中心工作、服务企业大局的重要载体，是凝聚员工奋发能量、增强员工主人翁意识的重要抓手。

一、劳动和技能竞赛开展现状和原因分析

随着经济和社会的快速发展，有的劳动竞赛中的一些老传统、旧形式已无法跟上企业的发展节奏，创新性不足、引领性不强、覆盖面不广等问题致使劳动竞赛与生产经营出现脱节现象。因此，如何完善和改进劳动竞赛，使其适应新时代企业高质量发展的需要，成为国有企业工会组织面临的一项重要课题。同时，不同地区、不同行业、不同所有制企业在开展劳动和技能竞赛特别是创新竞赛机制方面存在不平衡不充分发展问题，差异较大，如：工业基础好的地区在竞赛开展的广度和深度方面明显优于其他地区；装备制造、能源等传统产业在开展竞赛活动积极性和工作机制创新方面要好于销售、物流等服务类行业；国有及国有控股企业在竞赛活动的组织、宣传、考评激励及取得成效上要好于中小型非公有制企业。出现上述问题的原因在于：一是不同地区之间人口结构、企业规模、经济基础特别是工业基础差异较大，导致区域间竞赛活动开展和竞赛机制创新的水平和层次不平衡；二是不同行业之间的行业属性、行业特点、职工需求不同，其对于劳动和技能竞赛的认识、需求、积极性有所差异，这种差异在创新竞赛机制上表现得更为具体和明显；三是多数国有及国有控股企业党

委普遍支持竞赛活动开展，工会组织作用得到有效发挥，特别是其较强烈的政治意识和社会责任感使得创新劳动和技能竞赛机制在国有企业中能够蓬勃发展。

二、新时代国有企业劳动和技能竞赛原则

劳动竞赛已成为工会组织助力企业高质量发展的推进器、培养劳模工匠的熔炉、展现职工风采的平台。为更好发挥新时代劳动和技能竞赛在企业高质量发展中的重要作用，推动竞赛走深走实，更好服务企业发展，帮助员工成长，彰显工会作用，新时代国有企业劳动和技能竞赛要坚持做到以下五个原则。

一是劳动竞赛必须根植员工群众，提升思想政治的引领力。始终把思想和行动统一到企业党组织的决策和部署上来，得到员工群众的广泛认同，才能焕发活力、激发干劲。

二是劳动竞赛必须融入生产经营，深挖服务发展的行动力。找准根本的切入点结合点，切实做到围绕中心，服务大局，才能展示价值，体现作为。

三是劳动竞赛必须聚焦素质提升，夯实成长成才的保障力。切实落实依靠工作方针，全力打造新时代产业工人队伍，才能深耕基层，持续创新。

四是劳动竞赛必须保障员工合法权益，强化关爱员工的服务力。从员工需要出发，实现好、维护好、发展好广大员工的利益，才能凝聚合力，引领发展。

五是劳动竞赛必须建立健全机制，激发组织内在能动力。构建完善体系，加强组织领导、过程管理、绩效评估、奖励激励，坚持创新模式，优化内容，提升竞赛的仪式感、贡献度和影响力，才能提质提效，深化品牌。

第二节 非公企业劳动和技能竞赛

非公经济是我国国民经济和社会发展的重要组成部分。进入 21 世纪以来，随着非公经济的发展壮大，各级工会从服务国家经济发展大局出发，在非公企业中大力推进劳动和技能竞赛工作。2003 年，全国总工会召开了全国非公企业工会经济技术工作会议，首次提出把开展非公企业竞赛活动作为一项重要任务。近年来，全国总工会加强对非公企业竞赛活动的指导，2015 年 1 月，全国总工会制定下发了《关于进一步开展非公企业劳动竞赛的意见》，并根据非公企业迅猛发展的新形势，相继召开了全国非公企业班组建设工作会议、全国非公企业劳动竞赛推进会，开展了"携手保增长、和谐促发展"主题竞赛活动。在各级工会的积极推动下，非公企业竞赛以提高职工素质为重点，结合非公企业实际，广泛开展岗位练兵、技能比赛、职工技术创新等活动。针对科技型、劳动密集型、服务型等不同类型企业和非公企业职工队伍特点，创新活动方式、丰富活动载体，增强竞赛吸引力和感召力。经过不断努力，非公企业竞赛已经成为工会凝聚职工力量、实现企业和职工共赢、构建和谐劳动关系的有效途径，在推动非公经济以及整个国民经济持续健康发展中发挥了积极作用。

一、非公企业开展劳动和技能竞赛的重要性

虽然近年来非公企业竞赛取得了一定成绩，但也存在一些不足，如对竞赛的认识有待提高、竞赛组织机构和工作机制不够健全、竞赛活动的针对性不强、手段和方法还比较单一等。推进非公企业竞赛深入开展，是坚定不移走中国特色社会主义工会发展道路，服务经济发展大局、服务职工群众的具体体现，也是新时代做好非公企业职工群众工作、增强党的群众基础的重要切入点。非公企业情况千差万别，企业组织结构规模、所属行

业不同，管理水平、技术水平、发展阶段职工队伍状况不同，工会工作的基础也不同。非公企业竞赛既要突出提高技术创新能力、增强核心竞争力，又要坚持从实际出发，充分尊重企业主体地位，尊重职工意愿，从产量提高、技术创新、安全生产、节能减排、技能提升、优质服务等方面寻找企业与职工共同的利益结合点、关注点，增强竞赛的针对性、实效性，在促进非公企业发展中发挥作用。非公企业普遍存在职工技术技能水平偏低、整体素质不能适应企业快速发展需要的问题。提升职工队伍素质特别是技能水平，建设技工大国是非公企业竞赛的重要内容，要积极组织行业、工业园区和企业的技能比赛和交流活动，为职工成长成才搭建平台。

各级工会组织开展非公企业竞赛，应贯彻落实好全国总工会提出的五年劳动和技能竞赛规划，在继承发扬以往竞赛中一些传统的好做法、好经验的基础上，充分考虑非公企业特点，遵循"促进企业发展、维护职工权益"的原则，遵循在市场经济条件下开展竞赛的内在规律，积极探索新路子、新途径、新方法。通过开展竞赛，实现企业有发展、职工得实惠的双赢效果。必须明确不能以开展竞赛为由违反《劳动法》关于劳动时间、劳动报酬、安全生产等方面的相关规定，不能以损害职工合法权益为代价换取企业发展。在促进企业发展的同时，也要让职工共享企业发展成果。同时，竞赛要与其他工会工作紧密结合起来，通过开展竞赛更好地推动工会组建、工资集体协商以及促进劳动关系和谐企业和模范职工之家的创建等工作。

紧扣推动高质量发展，广泛深入持久开展劳动和技能竞赛，着眼非公企业经营管理特点，充分调动企业负责人及管理层的积极性，在分类推进、发挥作用上下功夫。探索在新产业新业态新组织、八大群体中开展竞赛的方式途径，围绕技术研发、运营管理开展"五小"等群众性创新活动，推动提升职工技能素质和企业经营管理水平。创新竞赛方式，扩大覆盖面，促进职工待遇提升、成长成才，做到企业、职工和竞赛工作的组织者、支持者受益。

二、坚持多措并举，着力在扩大覆盖面、提高参与度上取得突破

1.充分调动非公企业负责人及管理层开展劳动和技能竞赛的积极性主动性。非公企业负责人及管理层对开展劳动和技能竞赛的认识高度和重视程度，是做好竞赛工作的重要前提。要抓住非公企业负责人及管理层这个关键，在引领推动、示范引导、学习交流、宣传政策上下功夫，展示竞赛工作在提高企业核心竞争力和凝聚力等方面的积极成效，通过全方位、多角度、立体化宣传动员，引导他们进一步深化对开展竞赛活动必要性、可行性和方式方法的认识。

2.积极做好非公企业竞赛的分类指导工作。尊重企业主体地位和职工意愿，做好分类指导、示范带动。对国有改制或规模以上、已建工会的非公企业，动员保持发扬传统和优势，进一步提高竞赛工作实效，发挥好示范带动作用；对竞赛工作基础薄弱的中小微企业和新建企业，通过现场推进会、建立联系点、派出指导员等方式，解难纾困、逐步推动；对意愿不强或未建工会的企业，发挥产业、园区、经济带的聚合作用，组织开展企业间的夺标竞赛、技能竞赛等，引导非公企业在相互竞争中增强内生动力。

3.进一步拓展竞赛活动的内容和领域。在组织好传统产业竞赛的同时，着力推动在非公企业集中的新业态新组织和新兴产业链中开展竞赛；在组织好生产领域竞赛的同时，大力开展多层级、多行业、多工种的竞赛活动，将一线工人、技术人员和管理人员纳入竞赛；在组织好企业主营范围内竞赛的同时，向安全生产、职业健康、节能环保等方面拓展；在发挥好工会作用的同时，坚持党建带工建，借助党建、团建优势开展竞赛，扩大覆盖面，增强影响力。

4.切实增强竞赛活动对职工的吸引力。针对非公企业生产经营和员工结构特点，不断丰富载体内涵，引导职工参与竞赛。突出"趣"，创新具有现代元素、接地气的竞赛方式，引入积分兑换、创新银行、报告对话与现场点评等模式，借鉴大型晚会、誓师大会、颁奖典礼等职工喜闻乐见的

形式，做到常赛常新。突出"网"，按照"智慧工会"建设要求，加强竞赛信息化平台建设，运用"互联网+"、大数据推行"云赛事""云表彰"等，增强竞赛的便利性和群众性。

三、充分发挥作用，着力在推动职工技能素质提升和促进企业高质量发展上取得突破

1.通过生产型竞赛推动企业达标达产。在严格落实《劳动法》和"促进企业发展、维护职工权益"的企业工会工作原则基础上，围绕企业发展和生产经营任务，引导组织职工立足岗位和生产任务开展实战化竞赛，调动职工比产量、比质量、比安全的热情，保质保量完成生产任务。

2.通过技能型竞赛提升职工技能素质。抓住推进产业工人队伍建设改革的重要契机，紧扣激发人才创新活力提升职工素质，为非公企业高质量发展提供人力支撑。指导企业开展常态化、实战化岗位练兵、网上练兵、技术比武等活动，多渠道多方式开展培训。坚持练赛合一，鼓励和支持企业组织职工参加国内外技能大赛和比武交流活动，开阔视野、提高技能。协调做好非公企业职工培训和技术帮扶，推动"农民工职业技能提升计划"落实，用好"技能强国——全国产业工人学习平台"，建设知识型、技能型、创新型职工队伍。

3.通过智能型竞赛激发职工创新活力。聚焦非公企业生产技术难题和经营薄弱环节，紧扣坚持创新核心地位引导职工参与科技创新。营造大胆创新、包容创新的良好氛围，发挥技术革新、技术协作、"五小"等群众性创新活动便于企业组织、易于职工接受的优势，在关键领域、"卡脖子"的地方下大功夫，推动关键核心技术攻关。把合理化建议作为基础环节，坚持立足一线岗位、组织一线职工、解决一线问题进行持续改善，推动生产组织创新、技术创新、市场创新。促进职工创新成果向现实生产力转化，形成"成果—转化—效益—成果"创新生态链，助力企业精益生产，提高核心竞争力。

4.通过团队竞赛提高企业发展效益。以创建"工人先锋号"为载体广泛开展班组竞赛，引导职工互帮互学、技术攻关、团结协作。组织劳模和

工匠人才创新工作室、学习创新小组、QC 小组等团队竞赛，提高团队建设水平，增强辐射带动能力、创新攻关能力和人才培养能力。推动实施新型学徒制、企业现代学徒制，结合企业传统，创新帮带方式，提高帮带质量，促进企业生产管理效益提高。

5.通过搭建交流合作平台汇聚发展资源。着眼非公企业对项目、资金、人才、信息、技术等方面的需求，以市场为导向，以合作为牵引，围绕地区和行业发展战略、重大项目、技术课题等开展企业间的夺标竞赛，为非公企业和职工搭建技术交流、项目合作的平台，助力资金、技术、应用、市场等要素协同向企业集聚，推动新技术产业化规模化应用。

四、完善工作机制，着力在推动竞赛常态化、长效化上取得突破

1.完善竞赛组织机制。各级工会突出引领性和协同性，着力在政策、资金、协调、宣传等方面给予非公企业支持和引导，特别是着眼推进产业基础高级化、产业链现代化，围绕重大战略、重大工程、重大项目和重点产业，强化区域联动机制，组织引领性区域性竞赛；产业、园区、楼宇、街道工会等突出专业性和特殊性，体现产业特色，发挥企业集中、产业聚集、行业相近等优势，举办行业性专业性竞赛。

2.完善竞赛激励机制。着眼打造利益共同体，让企业和职工共享竞赛活动成果。对竞赛中涌现的优秀企业负责人和职工，推荐参评劳模和五一劳动奖章等，开展首席员工、工匠人才评选及创新成果、先进操作法命名，切实提高获得感；把竞赛与职业资格认定、等级晋升相结合，推行"培训、练兵、竞赛、晋级"一体化机制，拓宽职工发展通道。把竞赛组织情况作为推荐非公企业参评五一劳动奖状、和谐劳动关系企业、创新型企业等的重要条件；对竞赛成效明显、社会贡献较大的非公企业，推动党政出台并落实优惠政策，加大职工培训、创新补助资金、创新工作室建设等支持力度，扩大企业社会影响力和知名度，助力实现更大发展。

3.完善竞赛评估机制。结合实际用好《企业劳动和技能竞赛绩效评估指标体系（试行）》，发挥绩效评估对竞赛的指挥棒、检测器作用。紧紧

围绕非公企业发展战略、职工利益诉求，针对不同竞赛主题和阶段设置评估项目、内容。坚持目标导向、定性与定量相结合，采取自上而下、自查自评、专家评价或第三方评估等方式，提高评估的科学性和准确性。

五、加强组织领导，着力在提升竞赛动力上取得突破

1.不断强化领导合力。立足党和国家各项事业发展全局，立足党中央对改革发展稳定各项工作的决策部署，充分认清加强非公企业竞赛工作的重要意义，提高政治站位、增强工作责任感。发挥各级劳动竞赛委员会的组织协调作用，加强与党政相关部门、行业协会以及工商联、商会等的沟通，提升工作合力。注重工作指导，加强竞赛项目申报、推进、验收的闭环管理，提高竞赛规范化水平。

2.提供必要的经费保障。认真落实全总《基层工会经费收支管理办法》等有关规定，用足、用好竞赛工作经费。拓宽资金保障渠道，发挥工会经费的引导、撬动效应，鼓励企业赞助等社会化市场化模式，推动非公企业设立竞赛奖励基金。督促企业足额提取职工教育经费，且60%以上用于一线职工培训。

3.营造浓厚竞赛氛围。广泛宣传竞赛活动，既在企业内兴起比学赶帮超的劳动热潮，又在全社会产生强大带动力和影响力。构建以劳模精神、劳动精神、工匠精神为核心，以创新创造、发挥作用为价值理念，以多劳者多得、技高者多得为共同意识，以爱岗敬业、公平公正为基本内涵的竞赛文化，激发职工正能量、增强企业凝聚力。开展以劳动创造幸福为主题的宣传教育，讲好劳模故事、讲好劳动故事、讲好工匠故事，弘扬劳动最光荣、劳动最崇高、劳动最伟大、劳动最美丽的社会风尚。

 案例

聚焦"蓝领创新"推进非公企业劳动和技能竞赛

安徽省合肥市总工会深入推进新时代产业工人队伍建设改革，大力推动民营企业广泛深入持久开展劳动和技能竞赛及"蓝领创新"活动，充分

激发职工群众劳动热情和创造潜能，全面提高民营企业产业工人技能水平和职业素养，不断提升民营企业市场竞争力，为促进全市经济高质量发展贡献工会力量。

1.加大保障力度，激励创新创造。加大竞赛保障力度。根据竞赛规模、组织效果、领导重视、保障措施等方面进行综合评定，对民营企业竞赛活动实行大规模的项目化补助，给予每项竞赛不超过总需经费90%的资金补助，为民营企业劳动和技能竞赛活动开展提供了强有力的支撑。同时，严格经费使用管理，全程由纪检监察、审计部门对经费使用跟踪审核，形成竞赛经费有保障、经费使用有审核、竞赛绩效有考核的机制。

2.加大职工技术创新成果补助力度。开展合肥市第六届职工技术创新成果评选活动，根据修订后的《合肥市职工技术创新成果评选办法》，首次大幅提高创新成果各等次研发补贴标准，特等成果补助从8万元增加到20万元。

3.积极推先评优，完善激励方式。坚持物质奖励与精神奖励相结合方式，积极培养和选树民营企业中涌现出来的高技能人才和创新人才，鼓励他们在民营企业中充分发挥示范引领作用，激发更多职工学习技术、钻研业务的热情，成长为知识型、技能型、创新型的新时代劳动者。完成首届"合肥工匠"选树。为大力弘扬劳模精神、劳动精神和工匠精神，着力打造合肥"蓝领创新"品牌，2020年，合肥市政府开展了首届"合肥工匠"选树工作，由市总工会组织实施。1月，市劳动竞赛委员会、市总工会印发通知，在全市广泛宣传发动推荐。经推荐评选审核，最终选树10名"合肥工匠"、10名"合肥工匠"提名，由市政府通报命名。一大批民营企业中的能工巧匠、技术能手、创新标兵脱颖而出，为培育"大国工匠"奠定了基础。

4.开展创新竞赛活动先进评选。2020年4月，市劳动竞赛委员会对在2019年劳动和技能竞赛、劳模和蓝领创新工作室创建、职工"五小"活动创新成果评选等活动中涌现出的成绩显著的先进个人和先进集体进行通报，共授予103个合肥市五一劳动奖章、11个合肥市工人先锋号。同时，积极向省劳动竞赛委员会推荐申报先进典型，上半年共申报3个安徽省五一劳动奖状候选单位、6个安徽省劳动竞赛先进集体、22名安徽省五一劳动奖章候选人、9个安徽省工人先锋号候选集体、64项安徽省重大合理化建议项目和技术改造改进成果候选项目。

5.精细统筹谋划，推进竞赛活动。采取"全员练兵、分级竞赛、层层选拔、集中展演"方式，充分调动各级工会和各职能单位、行业积极性，着力推动竞赛活动提质增效。深化城区与企业联创联赛的办赛模式，让城区与企业共同参与，根据民营企业的不同特征，推动各级工会分类指导民营企业广泛开展岗位练兵，增强竞赛的针对性和实效性。在竞赛活动项目设置上变市总工会"订单式"指令安排，为民营企业"点单式"精准服务。根据基层申报情况，市总工会确定了第一批10项示范性技能竞赛项目作为市级（A级）竞赛，在全市广泛宣传发动。项目选择上，既有前沿的软件应用、电商直播、无人机，也有传统的焊接、家政服务。（2020，合肥市总工会，交流材料）

第三节　机关事业单位劳动和技能竞赛

机关事业单位所创新的劳动和技能竞赛值得学习与借鉴。尤其是在转变作风、扩大竞赛覆盖面、做好结合文章、提升职工素质方面，一些机关事业单位作出了突出的表现，成功把"示范赛""精英赛""场地赛"转变为"普遍赛""全员赛""岗位赛"。

一、组织技能竞赛与转变机关作风相结合

机关事业单位工会在设置竞赛主题时，要聚焦优化机关事业单位作风建设。通过精准把握竞赛节奏，以"严真细实快"作风组织开展好竞赛，按照竞赛时间安排，确保竞赛严格、规范、有序开展。尤其是新创立的竞赛项目，要坚持高起点谋划、高水平组织，开好头、起好步。如人社部门聚焦民生，围绕"打造群众满意的人社服务"举行业务技能练兵比武知识

竞赛；机关服务中心开展"劳动最光荣、服务最美丽"主题劳动和技能竞赛活动，竞赛项目涵盖文明用语、文管员、会议服务、文印、餐饮、文明驾驶等技能竞赛，推动全员参与岗位练兵、技能比武，激发机关各类人员学习钻研业务技能、增强服务意识的积极性，在比赛中激发年轻员工服务基层意识，引导机关事业单位职工提高综合服务能力，以五星级标准，当好服务企业、职工和群众的"店小二"。

同时，加大竞赛中涌现出的先进典型宣传力度。及时挖掘竞赛中的工作亮点和涌现出的先进典型，组织机关党员干部向先进学习活动，大力弘扬先进典型身上的劳模精神、劳动精神、工匠精神，并充分利用各类宣传平台，扩大宣传覆盖面，提高竞赛知晓度，大力营造服务基层、服务职工、服务发展的比学赶超浓厚氛围，提振广大干部职工干事创业的"精气神"。

二、组织竞赛与本单位改革发展相结合

机关事业单位工会设置竞赛项目要聚焦高质量发展战略、碳达峰碳中和、新一代数字信息技术、新能源及便民为民服务等领域，紧贴中心、服务大局。通过开展"强技能·促提升·服务经济大发展"主题劳动竞赛活动，发挥工会围绕中心、服务大局的建设职能。如教育系统聚焦主责主业开展教师课堂教学大比武、粉笔字比赛等活动；卫健系统围绕岗位特点和专业特点，分医、护、技、药等板块开展优质医疗服务竞赛；综合行政执法部门通过举办劳动和技能竞赛周开展系列活动，竞赛项目涉及执法大队队列会操、基建面积测量、园林根苗翻盆、环卫拉臂车作业、电工技能以及公文写作六个项目的比赛；国资委机关工会开展为企业改革发展锤炼本领职业技能竞赛，如更新电脑审批程序软件技能竞赛、服务流程精细简明化程序设计技能竞赛，紧紧围绕为"建设经济升级版"而创新思维开展工作。

劳动和技能竞赛的举办，营造了弘扬劳动精神、尊劳爱劳的良好氛围，广大职工通过比、学、赶、拼，增强了技能、提升了素质，为更好地服务地区大发展起到积极促进作用。

三、组织竞赛与去"行政化"相结合

在一些地方，少数干部习惯于用行政手段下发通知，由下属单位上报各种各样报表、工作汇报等"纸上谈兵"的方式开展工作。这种行政化管理方式，远离基层职工，容易产生脱离职工群众的危险。通过开展机关工作人员下基层劳动竞赛，深入基层调查研究，获取第一手资料，并进行考核评比，优胜者给予奖励，提升去行政化效果。要抓好下基层竞赛成果转化应用，及时总结下基层竞赛经验，不断完善竞赛内容和形式，争取通过竞赛活动深入开展，培养发现更多优秀人才，提高干部职工岗位能力，动员广大干部职工立足本职、岗位建功。

行政机关、事业单位，通过开展各种形式的劳动和职业技能竞赛，促进领导与一般员工、机关总部与基层之间的相互交流，可以从思想上牢固树立服务意识、深入群众意识，增进基层对机关工作的理解和支持，切实发挥工会桥梁纽带作用，达到去"四化"（机关化、行政化、贵族化、娱乐化）的目的，努力转变工会工作作风，千方百计围绕中央的方针政策，组织和动员广大员工开展职业技能竞赛，为地区高质量发展作出应有的奉献。

 案例 1

练兵比武强技能　人社服务树新风
——2021 年度人社窗口单位业务技能练兵比武
全国总决赛在安徽省合肥市举行

2021 年 12 月 24 日　来源：安徽省人力资源和社会保障厅

12 月 16 日上午，2021 年度人社窗口单位业务技能练兵比武全国总决赛在安徽省合肥市举行。

全国总决赛通过现场竞赛方式进行，分"看懂算清""争分夺秒""实战演练""擂台比拼"和"群雄逐鹿"等 5 个环节，包括党建知识、就业、社保、人才人事、劳动关系等人社业务，着重展示和比拼参赛选手

掌握政策、运用政策、宣传政策，以及为群众解决问题、办理实事的能力。比赛既是对人社系统干部职工为民服务能力的考查，也是人社系统行风建设三年行动成果的检验。31 个省份和新疆生产建设兵团组队参赛，同台竞技。经过激烈角逐，安徽省代表队获得一等奖，江苏省、广东省、四川省代表队获得二等奖，黑龙江省、浙江省、福建省、山东省、河南省代表队获得三等奖。同时，评选出一批个人"最佳风采奖"和"最佳挑战奖"。

赛场外薄雾轻扬，给大赛平添了几分战前的紧张气氛。但记者一进入赛场，便被热情激扬的比赛气氛所感染。

赛场角逐　纷呈精彩人社亮点

"看懂算清"是练兵比武全国总决赛的第一个环节。参赛选手们围绕人社政策待遇"看得懂算得清"的主题展开了竞逐。

"这里是江苏人社'看得懂算得清'全媒体互动直播节目的现场。尾号 1216 的网友留言说，他马上大学毕业，想知道在江苏就业有什么扶持政策？"

江苏省代表队参赛选手用时下流行的直播形式，带来"高校毕业生就业创业政策"解读。明快的节奏、清晰的解读，最终获得该环节第一个 100 分，引得场下观众的阵阵掌声。

"我想把在安徽参加的企业职工养老保险转到宁波去，请问该怎么转？麻烦你稍微快点，我还赶时间送外卖呢……"

安徽省代表队将外卖员的急切需求演得活灵活现，把"企业职工基本养老保险关系跨省转移"这一考题提了出来。鲜明的主题表现形式、通俗准确的解释，既具有实战感又具有普遍性，展现了人社窗口单位工作人员业务水平。

实战演练环节的比武，主要考验选手对案例的分析能力和政策的掌握运用程度。

"首先，根据工伤保险有关政策规定，劳动者在工作时间、工作场所内发生伤害的是可以认定为工伤的。其次，公司有以下不妥之处……"福建省代表队选手陈剑峰凭借扎实基础作出的专业回答，赢得了现场裁判一致认可。福建省代表队也获得了实战演练环节的满分。

进入"擂台比拼"环节，竞争更加激烈。

台上 8 支决赛队伍面对来自 22 个省份的 48 名挑战选手，展开了知识与速度的比拼。

"台上选手水平真高，7 道题目都不是平时的训练原题，有的还要进行多步推理和快速计算，但他们依旧保持极高的正确率，看得出平时下了苦功。"作为挑战团选手，来自北京市代表队的李想深有感触。

练兵比武　功夫不负一代新人

比赛开始前，记者曾在挑战团席位上看到云南省代表队选手刘乙，他正用手机复习参加练兵比武以来积攒的易错题。最大限度地利用碎片化时间学习，集腋成裘完成知识技能积累，已成为每个参赛者的良好习惯。

"我在仲裁院工作，每天都要接待大量群众来访、来电，还要做好立案、开庭审理等各项工作。"邓兆静是 2021 年全国"人社知识通"称号获得者，同时也是本次练兵比武全国总决赛山东省代表队参赛队员。参加比赛以来，她利用节假日休息时间，将精力集中到业务学习上，争分夺秒地刷题，一点一滴地完成业务知识储备。

"依托练兵比武在线平台和参加'日日学、周周练、月月比'活动，我们引导干部职工利用业余时间加强学习，把线下学习与线上答题相结合，寓练兵于日常，一批批群众身边的人社业务能手不断涌现。"安徽省人社厅办公室主任如是说。

每次练兵比武都有新秀出现，但每一个新人的背后，都有老兵的"传帮带"。

"参加练兵比武要注重灵活运用，不能死记硬背。"这是自今年练兵比武活动开展以来，钟峻霞经常提醒四川省代表队队员们的话。作为 2020 年全国"人社知识通"称号获得者，钟峻霞将自己的经验倾囊而授，"遇到难点的时候一定要放平心态，只有心无旁骛，才能创造超越自我的精彩。"

赛后谈赛　展现平时检验实践

比武岂止赛场，竞赛为了平时。

"以前，我对很多人社业务都是知之不深、用之不活，甚至连家人社保关系中的一些问题我都讲不明白。"安徽省代表队队员张灿荣说，参加练兵比武活动之初，她仅仅是为了应付任务，积极性不高，学习很被动，"随着学习不断深入，我不知不觉地发现，从练兵比武活动中学来的知识都能用在日常工作中，都和解决群众实际问题息息相关，学用结合立竿见影，让我钻研业务的劲头越来越足。"

"心中有理论，答疑不费神。"这是西藏自治区代表队队员张婧婧的最大感触，"通过参加练兵比武活动，我找到了归纳分析方法，逐渐形成了自觉理论认识，为今后举一反三灵活运用打下了坚实实战基础，这对我的工作帮助是非常大的。"

能力的提高带动了工作信心的提升，进而促进了服务质量的提高。

"练兵比武给了我敢于主动服务的勇气和为群众解难题的底气。"四川省代表队队员董芮君说，过去遇事绕着走的原因是知识的欠缺，"通过练兵比武，在工作中我越来越自信、自如。"

曾在 2019 年获得全国"人社知识通"称号的江苏省无锡市新吴区劳动监察大队副大队长周敏一直通过互联网关注着比赛："练兵比武通过比对人社业务知识的掌握程度，反映出我们对人社事业的孜孜坚守，以及我们在日常工作中表现出的为民的初心。"

"从个人能力的提升，到队伍整体的提优，再到行风的改变，练兵比武活动带来更多的是群众对人社岗位服务的好评。"江苏省人社厅办公室副主任刘荣华告诉记者，在江苏"好差评"系统第四季度抽查的 50 万个评价中，好评率为 99.5%，"群众的点赞，是我们通过练兵比武获得的最大的收获。"

"我们的三名选手比出了他们为人民群众服务的基本素质，他们是安徽省窗口队伍水平的一个缩影。借助练兵比武活动，我们将以此为标准，推广到每个服务窗口、每个服务环节中，使台上台下标准一体化、表现常态化。"安徽省人社厅副厅长程光林如是说。

各省、自治区、直辖市和新疆生产建设兵团人社厅（局）负责同志，部属有关单位负责同志，全国人社系统优质服务窗口和优质服务先进个人代表等现场观摩比赛。

2018 年以来，人社系统广大干部职工特别是窗口单位工作人员积极参加业务技能练兵比武活动。2021 年，各省份自下而上开展多种形式的技能比武，以比促练、以练促用，67 万余人参加"日日学　周周练　月月比"线上岗位练兵，近百名全国"人社知识通"、250 余名全国"岗位练兵明星"，以及千余名省级"人社知识通"、省级"岗位练兵明星"脱颖而出。练兵比武已成为人社部门抓窗口建设、促队伍发展、为群众办实事的重要抓手，成为窗口工作人员不断提升政策水平、提升服务能力的重要渠道。全系统"学政策、钻业务、强技能、优服务"蔚然成风。比赛既是对人社系统干部职工为民服务能力的考查，也是人社系统行风建设三年行动成果的检验。

 案例 2

新会区举办 2023 年全区机关事业单位档案岗位技能竞赛

2023 年 06 月 13 日　来源：新会工会

为了更好贯彻落实党的二十大精神和习近平总书记关于档案工作重要指示批示精神，新会区委办公室（区档案局）、区档案馆、区总工会以第 16 个"国际档案日"为契机，以"奋进新征程　兰台谱新篇"为主题，联合举办全区机关事业单位档案岗位技能竞赛，通过以赛促学、以赛代练的方式，提升我区档案服务水平。

6 月 9 日下午，来自各镇（街、区）、区直各单位和区各人民团体共 53 名档案岗位业务人员集中新会技师学院进行了竞赛。此次技能竞赛分档案理论知识竞赛和业务技能操作竞赛两部分进行，竞赛过程中参赛选手们充分展示了高超的档案管理技能和扎实的理论知识。经过激烈角逐，最终来自区委办公室、崖门镇政府的两位同志获得了一等奖。

借着赛后的余热，各参赛选手在现场参加了区机关事业单位档案业务培训，对各自的档案业务水平有了更清晰的认识，掌握了更多的档案管理技巧和方法。

此次竞赛形式新颖、突出重点，不仅为全区档案岗位人员提供了一个展示自己的平台，也进一步激发了我区机关事业单位档案人员爱岗敬业、勇于进取、争创一流的工作热情，提高从业人员理论知识水平，强化专业技能，为全区档案工作的高质量发展注入了新的活力。

第四节　新产业新业态劳动和技能竞赛

信息化时代推动数字经济蓬勃发展，劳动和技能竞赛应该与时俱进，扩大在新产业新业态领域中的覆盖面和影响力，让不同类型的企业和职工都能从竞赛中受益。新时代劳动和技能竞赛要围绕传统产业数字化转型、扩大战略性新兴产业、培育未来产业、完善现代化产业体系，因地制宜、因时制宜、因事制宜地拓展竞赛活动内容和形式，助推生产经营提质、提能、提效。

近年来，以平台经济为代表的新业态迅速发展，逐步成为经济社会发展的新引擎。新就业形态技能竞赛不仅可以促进职工职业技能水平的提升，还可以加强劳动者和工会之间的沟通。在新业态举办职业技能竞赛，可以有效传达对新形态就业者切身问题的关心关爱，切实提高他们的幸福感、安全感。新业态行业开展劳动和技能竞赛具有探索性质，比如如何设定新行业标准，举办具有行业特色的赛制，具有引领和示范作用。应在下面几方面着力。

一、激发企业内生动力

抓住新产业新业态领域企业负责人及管理层这个关键，在引领推动、示范引导、学习交流、宣传政策上下功夫，展示劳动和技能竞赛工作在提高企业核心竞争力和凝聚力等方面的积极成效，通过全方位、多角度、立体化宣传动员，充分调动企业开展竞赛活动的积极性和主动性。对意愿不强或未建工会的企业，发挥产业、园区的聚合作用，组织开展企业间、行业性、供应链的竞赛活动，引导企业在相互竞争中增强内生动力。在发挥好工会作用的同时，坚持党建带工建，借助党建、团建优势开展竞赛，扩大覆盖面，增强影响力。

二、丰富竞赛内容形式

坚持从新产业新业态领域企业实际出发，充分尊重企业主体地位、尊重职工意愿，立足企业与职工共同的利益结合点、关注点，围绕技术研发、技能提升、运营管理、安全生产、职业健康、节能减排、优质服务等方面开展竞赛活动，增强竞赛的针对性、实效性，推动提升职工技能素质和企业核心竞争力。创新竞赛方式，加强竞赛信息化平台建设，积极运用互联网、大数据等探索和推行"云赛事""云表彰"等，增强竞赛的时代感和便利性。

三、完善竞赛激励机制

对竞赛中涌现的优秀企业负责人和职工，推荐参评劳模和五一劳动奖章等，开展首席员工、工匠人才评选及创新成果、先进操作法命名，切实提高获得感。把竞赛与职业资格认定、等级晋升相结合，推行"培训、练兵、竞赛、晋级"一体化机制，拓宽职工发展通道，促进职工待遇提升、成长成才。构建以弘扬劳模精神、劳动精神、工匠精神为核心，以创新创造、发挥作用为价值理念，以多劳者多得、技高者多得为共同意识，以爱岗敬业、公平公正为基本内涵的竞赛文化。坚持促进企业发展、维护职工权益原则，不能以开展竞赛为由违反《劳动法》关于劳动时间、劳动报酬、安全生产等方面的相关规定，不能以损害职工合法权益为代价换取企业发展。

 案例

创新赋能、比学赶超！××快递举行
2024 年全网营运技能大赛总决赛

2024 年 08 月 27 日　来源：××快递微信公众号

以赛为媒，竞技砺才！8 月 23 日，××快递"发展新质生产力，赋能快递物流业高质量发展"主题劳动和技能竞赛暨 2024 年营运技能大赛总决赛在上海总部举行。有 200 余名选手和 80 余名裁判员参加了本次营运技能

大赛总决赛。

2024年营运技能大赛历时4个月，覆盖业务员、客服员、驾驶员、操作员、设备运维专员5大岗位工种，参赛选手来自全国各中心及网点，从初赛、复赛再到总决赛，在全网营造出比学赶超的强大干劲。来自全国各个赛区共计200余名优秀选手来到上海总部，角逐个人项目的一二三名、团队卓越奖和优秀组织奖。

集团执行总裁致辞表示："作为行业的领跑者，××快递始终坚持公平、公正、公开、透明的导向，努力营造全网创新赋能、比学赶超的良好氛围，一年一度的营运技能大赛正是要通过公平竞争和可视化对比的方式，选拔最优秀的人才，不断提升团队的综合水平，打造更加专业、强大的人才队伍。"

业务员比赛重点考查业务员多物品收寄、派送线路设计、识别快递物品是否可寄递等技能。通过比赛，鼓励和激励业务员在工作中积极探索、勇于创新，推动服务品质的提升。

客服员比赛主要包含理论笔试、知识抢答、情景模拟、即兴分享，从不同的角度考核客服员平时工作中涉及的方方面面，检验真实的业务水平，激励客服员不断提高服务水平，为公司树立更好的服务形象。

驾驶员比赛包括知识竞答和实操，实操考核走单边桥、七字形倒车入库、牵引头与挂车分离及合成操作、轮胎拆卸与安装、灭火器的规范使用等实际业务技能。通过比赛，激励驾驶员们不断提升自己的驾驶技术和综合能力，为客户提供更好的时效体验。

操作员以实际操作为比赛方式，主要包含卸车、拆倒包、小件供件、自动化集包、装车等6项。比赛重点考查操作员对于快递操作的精准度、速度和效率，并注重安全和质量。

设备运维专员考核包含小件自动化、大件自动化常见故障处理、皮带调跑偏等专业技能，旨在提升设备维护质量和效率，保证日常机械运转安全。

本次营运技能大赛不仅是对员工职业技能水平的阶段性检阅，更是为员工提供展示才华、切磋技艺、交流学习、建功立业的平台，同时也是关心关爱员工发展、下沉透传中通文化、凝心聚力共促发展的重要抓手。

第七章

新时代劳动和技能竞赛的地方实践

　　新形势下开展地方层次的劳动和技能竞赛，要围绕地方中心工作，要突出地方主导产业，要着力激发区域内广大职工的参与积极性。地区性劳动和技能竞赛有其自身特点与规律，要因地制宜设置适合本地区企业和职工参与的比赛项目，充分利用互联网等新兴媒介向社会推广劳动和技能竞赛这一工会工作品牌，提升本地区劳动和技能竞赛的关注度和影响力。

第一节　省级劳动和技能竞赛

省级竞赛活动应坚持创新引领、提高素质、面向基层、共建共享，以提升职工技能素质、推动企业技术创新为重点，拓宽职工成长成才途径，激发职工创新创效活力。省级竞赛活动应围绕省产业发展规划和供给侧结构性改革需要，注重培育重点行业、重要领域、战略性新兴产业人才，推动工人先锋号创建和劳模（工匠）创新工作室建设。

一、省级劳动竞赛分类及立项标准

省级劳动竞赛分为重大战略、重大工程、重大项目、重点产业竞赛四个类别。

1.重大战略竞赛是指围绕国家全局性、战略性目标任务，组织开展的各类竞赛活动，助推经济社会发展、产业结构升级、区域发展和科技进步。

2.重大工程竞赛是以"五比五赛"（比创新，赛效益；比进度，赛质量；比安全，赛健康；比思想，赛作风；比环保，赛绿色）为主要内容，促进工程优质、高效、安全、环保，确保顺利竣工并投入使用。

3.重大项目竞赛主要针对各个重要节点、难点问题和关键环节，开展进度攻坚、服务保障、安全责任、宣传教育等领域的竞赛活动。

4.重点产业竞赛主要聚焦先进制造业、现代服务业和战略性新兴产业，以集成电路、新型显示、人工智能等产业为重点开展竞赛活动。

省级劳动竞赛的立项标准如下。

1.竞赛活动主题明确，项目内容契合经济社会发展大局，活动方案切实可行。

2.竞赛活动覆盖行业较广、参赛人员较多，对一省产业升级有引领作用，对产业工人素质提升有促进作用。

3.竞赛活动成果可学可看，经验可复制可推广。

二、省级技能竞赛分类及立项标准

省级技能竞赛分为两个层次。

1.省一类竞赛：全国总工会、国家部委举办的全国性竞赛活动的省级区域选拔赛；省级总工会联合举办的职工职业技能竞赛；省总工会独立举办或者与省直厅局、大型企事业单位等联合举办的全省性竞赛。

2.省二类竞赛：全国产业工会、全国行业组织联合举办的全国性竞赛活动的省级区域选拔赛，省直厅局、省直机关工会、省产业工会、省行业协会等社团组织和大型企事业单位举办的单个行业、系统竞赛。

省级技能竞赛的立项标准。

1.竞赛活动应符合产业发展方向，项目符合知识型、技能型和创新型的要求。

2.承办单位应有举办竞赛活动的经验和良好社会声誉，具备与所申报项目相适应的管理人员、专家队伍、竞赛场地、设备和经费保障等条件。

3.应制订出竞赛活动初步方案，包括比赛内容、竞赛规则、评判标准和奖励方式等内容，竞赛方式至少包括理论知识和技能操作两部分。

4.竞赛活动应注重扩大覆盖面，着眼于激发职工学习技术知识的热情和提高职工技能水平，各工种决赛应在自下而上、逐级选拔的基础上进行，参加决赛的职工应经过层层选拔产生。

三、省级竞赛活动的注意事项

劳动竞赛实施期限根据不同类别活动时限等实际情况确定，技能竞赛实施期限一般以自然年份划分。全省性竞赛主办单位应在上年度第四季度，按要求向省级总工会报送下一年度竞赛计划，经集体研究后确定立项。

竞赛活动实行主办单位负责制，并成立相应的竞赛组织委员会，对竞赛活动进行统一组织、协调和指导，确保竞赛活动程序公开、标准公平、结果公正。各竞赛主办单位要采取多种形式，加大对竞赛工作宣传力度，扩大社会知晓度，发动职工踊跃参加，营造劳动光荣、技能宝贵、创造伟大的良好氛围。

竞赛活动结束后，竞赛活动主办单位应及时向省级总工会提交竞赛总结，包括竞赛活动图片及视频，竞赛时间地点，实际参赛人数，决赛选手姓名、联络方式、成绩、获奖人员名单等。竞赛活动主办单位可根据实际对竞赛项目优胜者给予表彰奖励。省级总工会可根据竞赛活动情况择优对部分全省性的竞赛活动给予××省五一劳动奖状、××省工人先锋号、××省五一劳动奖章、××省金牌职工等荣誉称号的申报名额。对各市总工会、省直机关工会、省产业工会、有关大型企事业单位中组织开展劳动和技能竞赛成绩突出的单位，择优进行通报表扬。

第二节　市级劳动和技能竞赛

市级总工会在劳动和技能竞赛体系中发挥承上启下作用，在贯彻落实省级劳动和技能竞赛的工作部署中，既要充分发挥本地区的主导产业的优势，开展示范性劳动和技能竞赛的样板，又要动员县区级开展丰富多样的竞赛活动，推动县区级总工会打造"一县一品牌"的竞赛格局。以合肥市总工会全面创新劳动和技能竞赛的理念、机制、举措为例，其聚焦创新、深度参与，在助力合肥"创新高地"中发挥了重要作用。

一、三赛赋能，促进职工劳动和技能竞赛扩面提质

一是自主选赛。通过大走访大调研，充分听取基层和职工意见建议后，合肥市总工会在竞赛项目设置和时间安排上实行两个转变，其项目由菜单式下达变为自主式选报，时间由集中一个时段举行变为全年常态化开展，让参赛内容无门槛、时间全天候，激发了基层单位和职工参赛热情。据不完全统计，每年主赛参赛单位上万家，带动了60万产业工人开展岗位

练兵和参加竞赛活动。

二是联动办赛。推动竞赛活动广泛深入持久开展，必须调动和依靠各方力量。为此，合肥市总工会采取分级开展、内外联动的办赛模式。在工会层面分三期开展，基层单位自行开展 C 级竞赛；县区级总工会每年举办不少于 10 项 B 级竞赛；市级总工会每年举办 10—20 项 A 级竞赛。此外，推行街道级工会与基层单位联训联赛，加强对基层的引导和指导。在工会系统外，市级总工会与市直单位和行业协会围绕单位、行业中心工作联合办赛，促进单位行业工作的高质量发展。比如，合肥市公安局把每年的全警大练兵与工会的劳动和技能竞赛相结合，以赛促训、以训提赛，深受各级公安机关和辅警的欢迎，取得了良好的赛训效果。安徽省公安厅对合肥市局的做法充分肯定，并要求在全省公安系统推广。

三是激励促赛。第一，建立组织领导机制，将市劳经委有关单位纳入市竞赛组委会，并承担相应的职责。第二，建立经费保障机制，市总将竞赛经费列入年度预算，分别给予 ABC 类竞赛不超过 90%、60%、50% 的补助，各县区级总工会也加大了经费投入。第三，建立荣誉激励机制，将荣誉向竞赛方面倾斜。通过竞赛产生了一批市五一奖状、奖章、工人先锋号、金牌职工等荣誉称号。同时，协调市人社部门对符合条件的选手授予技术能手称号和晋升技术等级。通过开展联动办赛和有力的保障激励措施，职工劳动和技能竞赛活动在全市上下产生了重要影响，基层单位和职工参与热情高涨，劳动和技能竞赛已成为合肥市产业工人队伍素质提升的品牌工程。

二、两评激励，激发职工创新活动内生动力

一是开展职工技术创新成果评选激励。2010 年，合肥市政府出台了《合肥市职工技术创新成果奖励办法》，设立职工技术创新成果奖。由政府表彰、工会运作，开全国之先河。之后又分别于 2015 年、2018 年、2021 年对该办法进行了三次修订。新修订的《合肥市职工创新成果评选和职业技能竞赛办法》，鼓励一线职工创新创造。目前，已连续 9 年评选职工技术创新成果，由市政府通报表彰并发放研发经费补助。被评为职工技术创

新成果的项目，由市政府颁发荣誉证书，项目牵头人最高可获20万元经费补助。一边物质奖励，一边荣誉激励，激发职工创新创造活力。特等成果、一等成果项目第一牵头人可作为合肥市劳动模范、合肥工匠候选人优先推荐，符合条件的牵头人分别由市劳动竞赛委员会授予合肥市五一劳动奖章荣誉称号，由团市委授予合肥市青年岗位能手荣誉称号，由市妇联授予合肥市巾帼建功标兵荣誉称号等。

二是开展职工"五小"活动创新成果评选激励。2019年，首次开展了职工"五小"活动创新成果评选，基层单位和职工踊跃参与。市各类机关和企事业单位职工在技术创新和"五小"活动中取得的创新成果均可申报。被评为职工"五小"活动创新成果的项目，由市劳动竞赛委员会颁发荣誉证书，项目牵头人可获1万—4万元不等的项目经费补助。

以上两项评选激励活动每年开展一次，为职工创新活动加油鼓劲，增添动力。

三、示范引领，增添职工创新竞赛的生机活力

一是每年选树命名10名合肥工匠。为了培育工匠典型，扩大典型的影响力，市总工会主动争取政府支持，合肥市政府决定每年从产业工人中选树十名合肥工匠，给予一次性物质奖励2万元，并列入市劳模评选对象的荣誉激励，此项工作由合肥市总工会组织开展。2020年五一前夕，评出10位首届合肥工匠，均为一线产业工人。市政府召开命名大会，市长和市委分管副书记亲自为他们授牌颁证。合肥轨道交通一号线开通"合肥工匠号"专列，集中宣传产生较好的社会反响。

二是三年选树百家标准化创新工作室。坚持"选优示范、持续助人、三年树百"工作思路，创建标准化劳模和蓝领创新工作室。选优示范就是以"六有"为必要条件，从之前已命名和新申报中重新选一批命名标准化创新工作室。持续助人，就是市总工会给予每家创新工作室每年3万—5万元补助，持续三年。三年之后经重新申报确认后，可继续给予经费支持。三年树百，每年选出命名不少于30家，力争三年达到100家标准化工作室，加大成果转化力度，积极开展示范性培训活动，充分发挥职工创新牵引机作用。

第三节　县区级劳动和技能竞赛

县区级劳动和技能竞赛要针对县区特色、优势产业，着力在竞赛组织、举措、效果、激励和品牌打造等环节上规范工作、提质增效，充分调动县级企业工会主体作用，引导县域企业创造性地开展形式多样的主题劳动竞赛和富有特色的技能竞赛，打造一批县级劳动竞赛示范品牌，推动县级劳动竞赛工作创新创效创品牌，助力县（区）经济向快向好发展。

一、县区级劳动和技能竞赛组织方面

建立健全竞赛组织领导，优化完善竞赛各项制度，把劳动竞赛工作作为年度重点工作列入本单位年度工作要点，竞赛工作做到阶段有规划、年度有计划、单项有方案，劳动和技能竞赛常态化开展。

具体测评要点：1.是否成立县级劳动竞赛委员会；2.是否有阶段竞赛规划、年度竞赛计划、单项竞赛通知；3.是否制定劳动竞赛组织、开展、奖励等各项规章制度；4.是否将劳动竞赛工作作为年度重点工作列入县级总工会年度工作要点。

二、县区级劳动和技能竞赛举措方面

结合经济发展实际，健全和完善符合竞赛发展需求的制度机制，保障竞赛广泛深入持久开展；竞赛组织严密，覆盖范围广泛，劳动和技能竞赛基本覆盖规模以上工业企业、建筑业企业和服务业企业，鼓励中小微企业积极参加，持续扩大职工参与度；积极与政府有关部门联合开展职业技能竞赛活动；认真落实《基层工会经费收支管理办法》等有关规定，用足、用好竞赛工作经费，有专项的竞赛活动经费。

具体测评要点：1.是否结合当地经济发展实际开展竞赛；2.是否与政

府有关部门联合开展职业技能竞赛活动，如有，共联合多少家；3.是否有专项竞赛活动经费；4.是否将劳动竞赛覆盖至规模以上工业企业、建筑业企业和服务业企业。

三、县区级劳动和技能竞赛效果方面

动员职工立足岗位，普遍参与，通过劳动竞赛提技能、强本领、补短板，着力提升职工队伍技术技能水平，充分激发广大职工的干劲、活力与能效；要围绕本地区、本产业、本企业发展目标、年度计划、工作重点、项目进度、瓶颈难题等，组织开展覆盖面广、参与度高、形式多样、务实有效的竞赛活动，在竞赛中比技术、比速度、比质量、比协作、比节能、比安全、比贡献，鼓励职工在平凡岗位上创造不平凡的业绩，实现劳动竞赛推动企业发展和培养技能人才的双丰收。

具体测评要点：1.是否开展覆盖面广、参与度高、形式多样、务实有效的竞赛活动；2.职工通过竞赛提升技能等级情况；3.竞赛成果转化应用情况。

四、县区级劳动和技能竞赛激励方面

坚持精神奖励和物质奖励并重，推动构建和谐劳动关系，让企业和职工共享竞赛活动成果；积极争取政府和企业行政支持，推动、联合有关主管部门建立健全竞赛激励机制体系；完善并落实竞赛获奖选手表彰奖励、职业技能等级晋升等政策，鼓励企业对竞赛获奖选手建立与岗位使用及薪酬待遇挂钩的长效激励机制。

具体测评要点：1.是否制定竞赛激励制度文件；2.竞赛奖励落实情况；3.推荐评选年度五一表彰对象时，是否向竞赛优胜单位和个人倾斜，占比情况。

五、县区级劳动和技能竞赛特色品牌方面

围绕本地区重大战略、重大工程、重大项目、重点产业，主动探索符合本地实际的竞赛项目、竞赛形式；积极开展内容丰富、形式多样的劳动

和技能竞赛，不断在内容上、机制上、载体上进行创新，使得竞赛活动富有新时代特色，具有吸引力和感召力；及时总结推广各行业、各企业的优秀经验和典型做法，鼓励先进、鞭策后进。

具体测评要点：1.是否有符合本地实际的竞赛特色经验做法；2.是否有在竞赛内容上、机制上、载体上进行创新的经验做法；3.是否广泛运用电视、报纸、网络等媒体，通过多种方式，持续开展竞赛宣传，在省级（含）以上媒体竞赛宣传情况。

 案例

肥西县总工会开展劳动和技能竞赛的实践探索

当下，企业的经济体制和组织体系、运营战略、管理方式和用人标准等随之改变，传统的劳动竞赛已无法满足服务企业经济发展的需求，肥西县总工会顺势而为，全力推动产业工人队伍建设改革，以开展劳动竞赛为抓手，积极争取党委重视和政府支持，服务企业发展，赋能产业工人成长成才，取得了明显成效。

一、基本情况

肥西县现辖 2 乡 10 镇 4 园区。截至 2022 年底，肥西县拥有规上工业企业 400 多家，县内形成了以电子信息、汽车及零部件和家电及零部件产业为主导，装备制造、健康和新能源等战新产业快速发展的产业格局。覆盖法人单位 10000 多个，建有 2235 个工会组织，会员发展到 175606 人。截至 2023 年 10 月，县总工会三年内共组织开展各级劳动竞赛 234 场。累计参赛企业上千家，参加人数高达 16 万人，15018 名职工进入决赛，2549 名职工在竞赛中受到表彰。

二、主要特点

（一）领导重视，建立健全竞赛领导机构

县总工会为了开展好劳动和技能竞赛，重新调整了劳动竞赛委员会领导小组，县政府联系工会工作副县长担任主任，县政府办公室联系负责人和县总工会党组书记、副主席担任副主任，县总工会分管领导和承办单位主要领导为主要成员。小组下设劳动和技能竞赛领导小组办公室，办公室设在县总工会，负责协调、联系竞赛的相关工作。各承办单位成立具体负责竞赛项目、器材保障、组织宣传、部门协调和组织职工参与的竞赛领导小组，形成上下联动、部门互动、群策群力的良好局面。

（二）规范流程，确保竞赛公平公正

全县各项劳动和技能竞赛组织有序，成效明显。一是层层落实推进。县劳动竞赛活动小组定期召开会议，汇报进度、解决问题。按照"公开、公平、公正"的原则，县总工会制定竞赛规则，规范参赛要求，做好赛前充分准备；明晰竞赛内容，严格竞赛安排，确保赛中有序开展。二是制定科学考评体系。根据竞赛内容，下发劳动和技能竞赛实操评分表，优化检查项目，细化评分标准，切实加强竞赛过程管理和评估。三是按需确定人员。县总工会根据企业的类型、职工的技能需求、承办单位自身需求和特点设置竞赛的项目，确保既体现行业特色，又体现职工具备的职业技能；既有传统的建筑工、焊工，又有数控车工等智能制造项目；既有城市行政执法，也有教学等重视理论讲解性较强的技能竞赛项目。参赛对象由一线生产职工向科技、管理、行政等人员方向拓展，由体力劳动者向脑力劳动者延伸。

（三）强化引导，凝聚劳动竞赛社会影响力

为强化舆论宣传，倡导"劳动光荣、知识崇高、人才宝贵、创造伟大"的时代新风，县劳动竞赛委员会举办了隆重的竞赛启动仪式，县委副书记、担任劳动竞赛委员会主任的县政府副县长等四大班子领导亲临现场指导，县总工会微信公众号等开设专题专栏，肥西电视台对竞赛活动进行了报道，既扩大了竞赛活动的知晓度和参与率，又增强了竞赛的社会感染力。新安晚报、安徽网以"向城市建设者致敬"为标题，对我县劳动和技能竞赛—建筑篇进行了报道。通过举办技能竞赛有力地推动了我县广大职工参加劳动和技能竞赛的积极性，既为广大职工提供了相互学习、切磋技艺的平台，同时也是对各参赛单位技能人才培养成果的一次大检阅。

（四）服务中心，甄选劳动竞赛主题

肥西县总工会为深入聚焦"五项提升"、助力实现"两个率先"，围绕县委、县政府"继续当好全省排头兵，争做长三角县域优等生"目标，赋能"三大战新"产业，开展以"五比"（比安全、比质量、比环保、比进度、比管理）为主要内容、为期100天的劳动竞赛活动。各参赛单位当月产值、单体和作业面大部分领先原进度计划，为提前完成本年度目标任务打下坚实基础。同时在劳动竞赛期间建立健全安全生产制度，狠抓责任制度落实，做到安全教育经常化、安全检查制度化、安全防护设施规范化、整改落实及时化等安全措施，不断夯实建设单位安全管理基础，筑牢"人人管安全，人人重安全"的责任体系，确保工程建设安全有序。围绕节能降耗和污染减排，大力推广节约能源的新技术、新工艺、新设备，推动环保工作取得新突破。建立健全文明施工管理制度，严格遵守操作规程，杜绝不文明施工行为，加强施工现场管理，结合"双碳"理念，在项目部设立新能源、光伏电板、智能控水等节能设施，现场落实扬尘治理六个百分百、沿围挡布设喷淋系统等，确保劳动竞赛中环保理念贯彻落实。

（五）守正创新，助力职工成长成才

为贯彻落实新时代新发展对技能人才的新要求，进一步弘扬劳模精神和工匠精神，激发职工立足本职争创一流的工作热情，2023年，肥西县总工会与合肥经济贸易科技学校合作成立肥西工匠学院，县总工会依托肥西工匠学院，搭建产学研训赛交流服务平台，大力开展技艺技能传承和提升培训，积极探索建立工学一体、产教融合、校企协同育人的技能人才培养模式，提升产业工人素质。同时，将劳动技能竞赛与职工的职业技能等级晋级结合起来，选拔出的优秀技术能手不仅获得奖金与证书，同时报县人社局给予相应职业技能等级晋升，核发相应等级的职业资格证书。县总工会以肥西工匠学院平台为基础，以强化职工技能水平为核心，通过劳动技能竞赛开展人才培训，以赛促训，提升职工综合技能和能力水平，促进产业工人能力升级，打通肥西工匠学院、劳动竞赛与人社、行业协会职业技能证书的通道，打造工匠型产业人才职业技能提升、学历提升的"孵化器"，助力产业工人由"工"到"匠"的成长。通过竞赛，选树了一批能工巧匠，产生了一批技能选手，以赛促练、以奖促学的导向更加鲜明，增强了竞赛的吸引力和凝聚力，展示了肥西各类行业的特色和职工的风采，也为肥西经济建设和人才储备奠定了坚实的基础。

（肥西县总工会，2023 年）

第四节　乡镇（街道）劳动和技能竞赛

随着劳动和技能竞赛的广泛深入持久开展，竞赛机制越来越健全，业已延伸至乡镇街道这一层级。最大限度动员各行各业、各个区域内劳动者热爱劳动、崇尚技能，为强国建设、民族复兴贡献街镇层级的工会力量，成为新时代新征程需要答好的竞赛课题。

一、乡镇劳动与技能竞赛

如何提升劳动竞赛这个工会"老品牌"对乡镇企业和新生代职工的吸引力？构建专业互补、资源共通、人才共励协同体系，搭建"一镇一行业一赛"平台，跨部门联合开展竞赛成为常态，共同打造职工职业发展"快车道"。

福建省南安市总工会搭建"一镇一行业一赛"平台，构建常态化、制度化的合作办赛机制，建立专业的评价体系和丰厚的奖励机制，吸引更多力量加入，共同为职工搭建职业发展的"快车道"，使劳动竞赛迸发出"平台效应"。2021 年，67 家单位被纳入这一平台。2020 年 4 月以来，通过搭建"一镇一行业一赛"平台，南安市总工会发动政府相关职能部门、乡镇街道、行业协会加入劳动竞赛的组织体系之中。年度竞赛计划经当地政府与工会联席会议议定后，由工会与相关单位签订《竞赛责任书》并共同制定竞赛活动实施细则。

"一镇一行业一赛"平台，以重点项目为龙头、以行业为依托、以乡镇园区和相关区域为支撑，联合市级有关部门举办示范性劳动竞赛、联合行业协会开展行业劳动竞赛、联合乡镇园区促动企业开展劳动竞赛，构建"点、线、面"三位一体的竞赛格局。

"一镇一行业一赛"平台有助于集聚全市多部门、多行业、更多龙头企业的专业力量和优势资源，构建专业互补、资源共通、人才共励的协同体系，使得跨部门联合开展竞赛成为常态，让竞赛选手能够获得更多的专业加持和政策加权。

为推动联合办赛，南安市总工会联合人社等部门出台《南安市职工劳动和技能竞赛组织管理暂行规定》，明确竞赛评价体系由参与竞赛的区域、行业协会共同制定，评委由参办单位从专家库中共同抽取；在全市示范性劳动竞赛活动中获得竞赛工种（项目）总成绩第一名的班组（科室），可命名授予南安市工人（五一）先锋号荣誉称号，获得工种（项目）竞赛第一至二名的选手，由市总工会联合市委人才办等多部门共同命名授予南安金牌工人（标兵）；等等。

多元主体办赛、多层次职工参赛，让劳动竞赛的赛场上也出现更多的新面孔。一年多以来，南安市总围绕全市的战略性新兴产业开展化工、石材、纺织等13场专项劳动竞赛；各乡镇街道、系统产业工会依托"一镇一行业一赛"平台，开展各项劳动竞赛70场，参赛总人数较往年同比增加33.7%。全市规模以上企业竞赛参与面达90%，参与职工达3万人次，1032名职工通过劳动竞赛实现技术晋级。为放大竞赛平台带来的"研学效应"，南安市总工会还依托该平台创建职工职业技能实训基地，构建"市级—区域（行业）—企业"三级培训体系，实施与竞赛相互衔接、互相适应的订单式培训。2021年共开办100多家职工职业技能实训基地，帮助41968人（次）职工进行覆盖劳动竞赛赛前、赛中、赛后的技能提升培训。目前，工会正着力打造劳动和技能竞赛的"一乡镇一品牌"活动。

二、街道劳动和技能竞赛

街道劳动技能竞赛活动的组织和开展，因所在街道内的单位类型而定，突出工会元素，尤其是一些头部企业，可以有效承接开展劳动技能竞赛的能力。以招堤街道举办的2023年劳动教育实践技能竞赛为例。竞赛以日常劳动技能为项目，内容包括扫地、洗碗、制作水果拼盘、缝补衣物、制作文明提示牌、食物烹饪、洗衣服、制作扇子等项目，由评委老师围绕完成速度、完成品质、作品完整性等方面对参赛学生进行评分和点评。比赛中，学生们配合默契、分工协作、动作娴熟，在一个个项目"挑战中"尽显身手。此次劳动技能竞赛分小学低年级组、中年级组、高年级组三个组别，通过以赛促教，以赛促学，以赛促建，教赛结合，大力营造劳动教育氛围，积极引导学生参与劳动教育活动，以切身感受、体验劳动乐趣，促使学生树立劳动最光荣、劳动最崇高、劳动最伟大、劳动最美丽的劳动观念，更好地培养学生的劳动兴趣，进一步提高学生劳动素养，促进学生德智体美劳全面发展、健康成长。劳动技能大赛培养了学生动手动脑和生活实践能力，增强学生自己的事情自己做的意识，感受到了劳动的乐趣，也丰富了课余生活，让学生在劳逸结合中全面健康发展。

除此之外，结合街道辖区的公共生活空间开展技能竞赛也是有效的抓手。东华门街道总工会为打造垃圾分类宣传的"新时尚"，人带人、心连心引领职工进行垃圾分类，开展了职工垃圾分类岗位练兵技能竞赛，活动分线上学习、线上答题、线下竞赛三步骤进行，171名职工积极参加活动。竞赛采取多种主题下的垃圾分类场景，采用标识设计、心理引导等智慧化竞赛方式，引导职工提出有针对性、可操作性的意见建议，为街道的精细化、全员化治理贡献了工会的力量。

第五节　开发区（工业园区）劳动和技能竞赛

开发区是改革开放的试验田，是经济建设的主阵地、主战场、主引擎，向来是所在地区重要的经济和社会发展极。近年来，各级开发区（工业园区）总工会以劳动和技能竞赛为抓手，精心选择比赛项目、科学设计比赛环节，通过创新劳动竞赛的组织形式、竞赛内容和参赛人员，开创了新时代背景下开展劳动和技能竞赛的路线图：竞赛通过科技创新应用、科技知识普及等形式，提升产业工人队伍素质，挖掘一批创新成果，发现一批创新人才，培育一批创新基地，体现了开发区（工业园区）的竞赛水平,形成了全方位、多层次、广覆盖、重实效的竞赛新格局。本节以浦东新区总工会创新的竞赛模式为例。

一、"训—赛—证—能"一体联动 拓宽人才成长通道

浦东是我国改革开放的排头兵,也是职工创新创业的大舞台。浦东每年各具特色的行业产业竞赛活动,成为各路才俊竞技交流的好平台,也是激发广大职工不断创新进步的加速器。浦东新区总工会在竞赛的过程中积极探索"训—赛—证—能"一体联动模式,劳动和技能竞赛作为基础,在竞赛中开展人才培训,以赛促训(学),提升职工综合技能和能力水平,促进产业工人能力升级,打通劳动竞赛与人社、行业协会职业技能证书的通道。如在集成电路技能大赛的比赛内容中,围绕国产 EDA 工具应用展开,包含了应用技术培训、线下交流会、EDA 工具线上应用赛等形式。特别是培训课程,通过网络实现了云上实操体验,打破了时间与空间的限制。

二、围绕产业"全生命周期服务"打造影响力大、引领力强的竞赛品牌

经过 10 多年的探索,浦东新区工会组织开展的多项国内首创赛事,已成为浦东"全国劳动竞赛示范赛区"的引领品牌,更为劳动技能竞赛进入经济发展"硬核"产业奠定了思想基础与经验积累。每年年初,浦东新区总工会向社会发出征集劳动和技能竞赛项目的通知,得到各主体开发区的积极响应。专业赛事交给专业行业承办,事半功倍。正是因为各主体开发区积极发挥专业优势,创设全新竞赛有了最为可靠的承办方。作为首创及引领性赛事,"康桥杯"机器人应用邀请赛已举办两届。不仅设置专业组,还设置学生组;不仅组织本区域职工参赛,还吸引全国各地英才前来竞技。世界大型机器人企业 ABB、KUKA 的机器人,以及我国的"彩虹鱼"深海探测器、航道信息采集无人船等机器人"选手"都曾在赛场上出现,赛事影响力可见一斑。赛事基本涵盖了工业机器人、服务机器人、特种机

器人等产品门类，以及产学研用的不同单位，体现出机器人产业的生态链特征。这项赛事在竞赛组织和成果转化的赛训一体化上进行了延伸。大赛将技能培训与技术比武相结合，委托李斌技师学院等专业培训机构以及行业专家开展赛前培训，为行业人才搭建深度学习交流平台。浦东新区总工会围绕产业"全生命周期服务"开展竞赛，充分激发职工劳动热情、创新活力和创造潜能，扩大优质服务供给，助力优化营商服务环境，提升民生服务品质，为全力推进浦东高水平改革开放、打造社会主义现代化建设引领区培育高素质劳动者大军，成为影响力大、引领力强的竞赛品牌。

三、"打造引领区，当好主力军——推进浦东高水平改革开放"四大系列主题劳动和技能大赛

聚焦重点产业，竞技"硬核"赛道。浦东新区强化高端产业引领功能，把"中国芯""创新药""智能造""蓝天梦""未来车""数据港"等六大硬核产业作为未来的主攻方向。发展是硬道理，服务发展大局是工会肩负的群团组织责任。浦东新区总工会通过助力经济高质量发展、行业企业竞技交流、职工创新能力提升、工匠人才培养选拔、工会服务意识增强，不断探索竞赛项目化、项目品牌化、品牌专业化的长效机制，开辟新的产业"赛道"。

聚焦重大工程，竞彩"金色"中环。中环线是高质量发展的"黄金通道"。重大项目在哪里，劳动竞赛就拓展到哪里。浦东"金色中环发展带"建设指挥部办公室作为竞赛牵头单位，对竞赛方案作了深入研究，重点是按照"高水平规划、高品质建设、高效率运行发展"要求，聚焦160多个重大工程项目，从组织、进度、质量、安全、特色、功能、创新、融合等维度广泛开展立功竞赛活动，比工程进度、比工程质量、比项目安全、比功能形象，充分发挥区属企业的职能优势，推动区属企业积极开展专项竞赛活动，赛出一批"金环"荣誉集体、一批"金环"荣誉个人、一批"金环"特色项目，进一步激发中环沿线广大建设者们以更加饱满的热情、更加昂扬的斗志、更加充足的干劲，掀起"金色中环发展带"建设的新高潮。

聚焦重大项目，竞跑"数字化转型"。城市数字化转型成为上海面向未来塑造城市核心竞争力的关键之举。在城市数字化转型这一关系到核心竞争力的重大任务中劳动竞赛如何嵌入、如何作为？"城市数字化转型"的基础和底座是大数据。数据有尺度，也有温度，数字化转型是生产力，也是竞争力，而场景应用则是体现数字化转型的最直观效果。立足这样的想法，浦东新区总工会将焦点集中在经济数字化、生活数字化、治理数字化三大领域组织开展"张江杯"大数据应用竞赛等 7 个竞赛项目，以提升职工大数据素养和推动大数据应用场景落地为目标，搭平台、引企业、聚人才、解难题、促发展，为浦东经济社会高质量发展赋能增效。

聚焦重点人群，竞当"金牌店小二"。有求必应、无事不扰的"店小二"精神日益成为地方政府优化营商环境的形象追求。营商环境折射的是政府服务水平和窗口办事效率的显著提高。浦东以"放管服"改革为牵引，着眼"高效服务一个产业发展""高效办成一件事""高效处置一件事"，努力实现审批更精简、监管更有效、服务更优质。竞赛比武无疑是一种带动机关作风建设的"助推器"。浦东新区总工会紧紧围绕打造规范高效的营商环境、公平竞争的市场环境、宜居宜业的生活环境，将服务效能倍增主题竞赛的重点聚焦在政务服务和社会服务行业两个领域。和区级机关党工委、市场监管局、税务局等联手，发动所有政府部门尤其是服务窗口和基层一线共同开展"树立服务新标杆、当好企业暖心人"浦东新区"金牌店小二"服务技能比武活动。竞赛行业包括医疗、养老、餐饮、公交、汽修、物业管理、园林绿化、道路养护等社会服务行业。

第八章

合理化建议活动概述

　　合理化建议活动是全体职工共同思考和共同参与的一种创新活动，被喻为"单位的隐形发动机"。一条条建议就是单位和职工"同呼吸、共命运"的纽带。合理化建议活动开展得好，可以提高产品质量，降低生产成本，提高职工能力，创造舒适的生产作业环境，激发生产现场的生机和活力。

第一节　合理化建议活动

一、合理化建议

合理化建议是指有关改进和完善企业、事业单位生产技术和经营管理方面的办法和措施。集体或者个人提出的合理化建议，必须经过试验研究和实际应用，并在企业、事业单位的生产或者工作中取得成效，方能获得奖励。

(一) 区分建议和一般性意见、合理化建议和一般性建议

首先需要弄清建议和一般性意见的区别。一般性意见是指出问题的现象或提出自己的要求，而建议则必须提出改进的办法和完善的措施，否则就不算建议。其次需要弄清合理化建议和一般性建议的区别。合理化建议应符合三个条件，一是要有建议理由，二是要有办法和措施，三是要有实施后预计的经济效益和社会效益。因此，只有同时具有进步性、可行性和效益性的建议，才是具有合理性质的建议，即合理化建议。而一般性建议往往只具有进步性和可行性。

在实际工作中，凡在岗位责任制范围内提出的建议，具有改进、革新因素，并能取得经济效益或社会效益的，可视同合理化建议；学习借鉴国内外已有的先进技术、经验、成果，首次应用于采纳单位者，也可视为合理化建议；对消化、吸收引进技术，加速进口设备、原料、材料、元器件、零部件、配套件等国产化有改进性的方法、措施或革新方案、设计的，可视为合理化建议和技术改进。需要注意的是，属企业、事业单位通常性的改革措施以及上级下达的技术改造项目不能称为合理化建议。

(二) 合理化建议的本质特征

合理化建议中的"合理"是判断建议价值的根本标准，进步性、可行

性和效益性，是合理化建议的本质特征。

进步性，是指建议者所提的方案措施，相对于本单位或本系统原来有所改进，有所完善，有所提高。

可行性，是指方案措施在实践中可以实施。一是要提出实现这一建议的具体办法，否则就不能算是具有可行性。比如，如果有人为提高生产效率提出对某项设备改进的建议，但他只建议改进，而没有提出在现有条件下改进的具体路径方法，那么这一改进建议就无法实现，也就不具有可行性。二是提出的建议，虽然有具体办法，但办法是不正确的，或者说提出的办法虽然正确，但由于条件限制根本无法实现，也属于不可行的建议。比如，有人提出增加资金投入，以扩大企业生产规模，提高企业经济效益的建议，这建议虽好，但企业现实没有那么多资金，一时也难以筹集到更多的资金，所以建议根本实现不了，这就属于缺乏可行性。

效益性，是指建议实施后可以带来经济效益或社会效益。对效益的理解要全面客观。提高工效、节约材料，直接创造了经济价值，是效益；不直接创造经济价值，但减轻了体力劳动、改善了工作环境，这也是效益。当前得利是效益，若干年后方能得到，也应承认其效益，因为有一些建议实施后的效益需要经过一个较长的过程才能显示出来。本企业直接得利是效益，其他企业间接得利或全社会得利也是效益。

进步性、可行性、效益性，是合理化建议的本质特征。只有三性俱全，才能算是合理化建议。如果只具备其中一项或两项，就不能算是合理化建议。正确把握合理化建议的三个本质特征，为我们准确辨别各种建议的性质，更好地开展合理化建议活动提供了依据。

（三）合理化建议的内容

合理化建议的内容一般应包括生产技术和经营管理两个方面。

1.对机器设备、工程工具、工艺技术等方面所做的改进和革新。其具体内容如下。（1）工业产品质量和工程质量的提高，产品结构改进，生物品种的改良和发展，新产品的开发。（2）更有效地利用和节约能源、原材料，以及利用自然条件。（3）生产工艺和经验、检验方法，劳动保护、环境保护、安全技术、医疗、卫生技术，物资运输、储藏、养护技术以及设计、统计、计算技术等方面的改进。（4）工具、设备、仪器、装置的改进。（5）科技成果的推广，企业现代化管理方法、手段的创新和应用，引进技术、进口设备的消化吸收和革新。

2.凡在企业、事业管理的组织、制度、方法和手段等方面提出带有改进、创新因素的办法和措施，经实施后对提高管理效能、经济效益或对社会效益有明显的作用和成效者，均可作为合理化建议给予奖励。其具体内容如下。（1）在管理理论、管理技术上有创见，对提高生产经营管理、科研、教学、设计水平，提高经济效益或社会效益有指导作用。（2）在管理组织、制度、机构等方面提出改革办法或改进方案，对提高工作效率和企业、事业的应变能力或服务能力有显著效果。（3）应用国内外现代化管理技术和手段，取得经济效益或社会效益。这里所说管理除了包含《条例》中规定的合理化建议的内容外，还包括质量、标准、计划、物资、设备、财务、销售、人事、信息等方面的管理。

由于经济、科技和社会的发展日新月异，许多职工提出的改进办法和完善措施，已经不仅仅是针对某一企业单位或事业单位，而是针对一个地区、一个系统，其内容除涉及生产技术、经营管理等方面外，还包括科研、教学、后勤、服务、思想政治工作等，这说明合理化建议的涉及范围、内容都大大拓展了，是在动态中发展的。

二、合理化建议活动作用

（一）合理化建议活动

合理化建议同合理化建议活动不是一个概念。第一，合理化建议通常应是指合理化建议的"建议"本身，而并非活动；而合理化建议活动则应是指提出合理化建议这一活动，而并非建议；所以两者不应混淆。第二，合理化建议既可以由职工个人提出，也可以由某个部门、某个组织单独提出，即它是职工个人或部门的独立行为；但合理化建议活动则是有组织的行为，是群体性行为。第三，合理化建议强调的是合理性、可行性和效益性；而合理化建议活动则强调的是广泛性、群众性，即动员、组织和发动广大职工群众积极广泛地参与。第四，合理化建议是合理化建议活动的产物，而合理化建议活动是催生合理化建议的必要条件和保障。总之，正是基于以上对合理化建议和合理化建议活动区别的四点分析，可以将合理化建议界定为职工群众为搞好生产、改进技术、完善经营管理，以及解决职工生活方面的问题而提出的建议性意见，而合理化建议活动则是广大职工群众参与企业管理的一种重要形式，是一种有组织的、群众性的围绕企业生产经营工作的献计献策活动。正确区分合理化建议和合理化建议活动的概念与性质，既有利于提高合理化建议的质量，更有利于广泛、深入、持久地开展好合理化建议活动。

（二）合理化建议活动的特点

1.创新性。合理化建议活动是职工群众的生产技术与经营管理的创新活动，其宗旨和目的是促进企业生产技术和经营管理的创新，借此提高企业的核心竞争力，提高企业经济效益，推动企业的进步与发展，因此合理化建议活动在本质上就具有创新性。同时合理化建议活动的主体是职工群众，它依靠和开掘的就是广大职工群众中蕴藏的无穷无尽的智慧和创造力。职工群众在企业生产经营活动中主动自觉地搞革新、提建议，正是他们的主人翁责任感和创造精神的生动体现。许多企业的生动实践表明，职工群众中有很多"智多星""诸葛亮"，他们既有理论，又身怀绝技，一些看来难以解决的生产上、技术上和管理上的问题，往往可以从职工群众的革新建议中获得解决，由此来提高企业的生产技术和管理水平。因此，组织职工开展合理化建议活动，是对职工群众主人翁积极性和创造精神的支持；而且也是为了更好地依靠职工的主人翁精神、智慧和创造力，有目的地组织职工进行创新活动。所以，合理化建议活动能够始终充满生机活力，根本原因就在于它是一种创新性活动。

2.群众性。合理化建议活动是职工群众广泛参与的生产技术和经营管理创新的群众性活动。合理化建议活动的广泛性和群众性表现在它在内容上涉及生产技术和经营管理的各个方面，在参加人员上包括了工程技术人员、管理人员和广大工人群众，在方法上适合群众性活动的特点。合理化建议的内容很广，包括产品质量的提高、产品结构的改进和新产品的开发，更有效地利用和节约能源、原材料，生产工艺、各种技术的改进，工具、设备、仪器的改进，科技成果的推广，企业现代化管理方法、手段的创新和应用，以及引进技术、进口设备的消化吸收和再创新等，甚至一切有利于企业进步的建议和意见都可以认为是合理化建议。因而它涉及企业的生产、管理、技术等各个方面。开展合理化建议活动，不仅能够吸收工程技术人员参加活动，而且也能吸引管理人员和广大工人群众参加活动。实践表明，只要组织得法，适合群众性活动的特点，就能在企业中形成人人提建议、行行搞革新、生机勃勃的具有广泛群众性的合理化建议活动热潮。

3.时代性。合理化建议活动是适应生产技术和经营管理发展要求、与时俱进、持久发挥作用的群众性活动。社会生产活动是随着生产工具和技术的进步不断发展的。这种发展是无止境的，而且随着人类改造自然、社会能力的增强、科技手段的不断更新，其变化的速度和节奏日益加快。因此，就企业来说，产品质量的提高，新产品的开发，能源和原材料的合理使用，生产工艺、技术的改进，经营管理的改善等，可以说是企业发展的永恒的课题，是无止境的，并且还不能慢节奏地进行。因而，为之服务的合理化建议活动，也总是不断在企业生产、技术、管理已经达到的水平上，进一步推动其向更高的水平上发展。实践证明，只要始终抓住各个时期生产技术和经营管理工作发展的要求，及时地、正确地提出课题，不断改进合理化建议活动的组织方法，加上有关方面工作的得力配合，就能使群众性合理化建议活动持久地发挥作用，同时也使合理化建议活动自身与时俱进，常做常新，始终充满生机与活力。

（三）合理化建议活动作用

1.激发全员创新的"加速器"

合理化建议活动是一项群众性、全员性的创新活动，是企业创新管理的重要组成部分，也是激发职工智慧的重要载体。在企业的生产经营活动中开展合理化建议活动，既是发扬职工的主人翁精神，激发职工的工作热情，充分挖掘职工潜能的一项重要活动，也是企业发扬民主、以人为本的体现。

2.提升职工综合素质的"助推器"

合理化建议活动是提升职工思想道德、科学文化、技术技能素质的助推器。合理化建议活动能够增强职工的主人翁责任感，使其主动参与企业管理，体现对企业的忠诚；能够提高职工钻研业务、加强学习的主动性，提高发现问题、解决问题的能力；能够提高职工追求卓越、致力改善的意识，发挥职工自我创新、主动创新的积极性；能够提高职工的成就感和荣誉感，提升岗位竞争力，促进职业发展。合理化建议活动有利于造就有智慧、有技术，能发明、会创造的职工队伍，有利于保持和发展工人阶级的先进性，更好地发挥工人阶级主力军作用。

3.助推单位发展的"智库"

合理化建议活动可以提高工作效率，提升服务能力。通过开展合理化建议活动，可以充分听取职工心声，进一步完善企业的规章制度、管理流程、运行机制等，有力地推动基层民主管理的持续发展。通过开展合理化建议活动，可以让职工提出有助于企业技术创新的新办法，提高现代化管理技术水平，促进企业科学发展，从而有效地提高企业的经济效益和社会效益。

第二节　合理化建议与职代会提案的异同

合理化建议与职代会提案都是企事业单位通过一定的形式广泛征集职工建议的民主活动，有助于企事业单位的发展。虽然两者都是表达职工的要求和愿望，但是也有不同点。

（1）性质不同。合理化建议是企事业单位发动职工献计出力的一项活动，在许多国家被广泛推行。职代会提案是职工代表对企事业单位生产经营管理、薪酬福利、劳动保护、生活福利、教育培训等方面提请职代会讨论决定、立案处理的重大问题。职代会提案是具有中国特色的基层民主职代会制度的重要组成部分，是法定的职工民主管理形式。

（2）内容广泛性不同。合理化建议的内容通常是专门针对单位的生产经营和完善管理方面提出的意见，具有特定性。提案内容相对广泛，可以对涉及单位改革和发展全局的重大事项提出建设性意见，也可以对职工普遍关心的其他重要事项提出具体建议，但不应超出职代会职权范围。

（3）参与对象不同。合理化建议是单位内所有职工都可以提出。而提案必须由职工代表提出，非正式职工代表一般不可以向职代会直接提出提案。

（4）征集时间不同。合理化建议全年都可以征集，当然也有单位习惯把每年的某个月定为"合理化建议月"集中开展。提案一般在职代会召开前的一段时间内由工会发文征集，截止日期一般在职代会召开前几天。

（5）规范化程度不同。提案的制度化、规范化程度较高，包括提案思路、规范填写、提交流程、评价奖励都有专门的制度规定。如一条完整的提案应包括案题、理由、整改办法或措施及提案人、附议人等内容。而且提案一般应以书面方式提出，且一事一案。相对而言，合理化建议的规范化程度较低。合理化建议可以由职工个人或联合提出，不需要像提案那样有附议人等内容。

第三节　如何提出有效的合理化建议

开展合理化建议活动是激励广大职工参与企业管理、发挥创造才能、实现自我价值的重要途径；是充分发挥职工智慧和聪明才智，群策群力为公司建设发展建言献策，为企业降本增效献计出力的强力抓手；是不断创新工作方法，优化生产工艺，达到提质与降本增效目的的有效手段。

那么，有效的合理化建议怎么提？

合理化建议制度自实施以来，受到了干部职工的普遍关注。但随着时间的推移，在合理化建议活动的实际开展过程中开始暴露一些问题，一些"合理化建议"停留在走形式上，建议针对性不强，指向不明，并未达到预期效果。如何提出"有效"的合理化建议，总结如下。

一是围绕加强企业文化建设，凝心聚力，团结职工，增强企业向心力、战斗力提出合理化建议。

二是围绕加强制度建设，强化制度执行，提高管理水平，创新工作理念提出合理化建议。

三是围绕加强班组建设，塑造和谐班组、学习班组、创新班组提出合理化建议。

四是围绕提高公司安全管理水平，提高职工安全意识、提升设备安全质量、排除安全隐患提出合理化建议。

五是围绕提高职工素质，学知识、长本领、强技能提出合理化建议。

六是围绕降本增效，修旧利废、节能减排、强化成本控制提出合理化建议。

七是围绕产品营销，创新销售理念，提振产品销量，扩大销售范围提出合理化建议。

八是围绕全面推进单位各项技改升级项目，提出合理化建议。

以上"八个围绕"，单位根据实际情况可以各有侧重，但要把握好"五要"关键：一要找准方向，要把对公司有帮助作为合理化建议的基本标准；二要开放式提建议，提建议前多做了解和调研；三要深入思考，融入个人对解决问题的独特思路；四要着眼落地，要提出切实可行的具体措施；五要关注效益，投入要能够创造更高的价值。

与此同时，为了激发广大职工主动积极参与合理化建议活动，制定奖励机制是有效举措。比如，某基层单位在制定《合理化建议管理制度》中，明确了合理化建议采纳"定额奖励和超量提报奖励"相结合的"两级"奖励机制，且每个月对采纳的合理化建议的落实完成情况进行跟踪汇总并及时奖励。

合理化建议是职工在实际工作中针对可改进事项提出的好点子、金点子，是职工献计献策、发扬主人翁意识、参与公司治理的重要渠道。能够最大程度凝聚起每一名普通职工的点滴智慧，而且能把职工的主人翁精神焕发出来，做到"人人关心企业，人人热爱企业，人人献计献策"，最终形成企业赖以生存的强大动力，推动企业高质量发展。

案例

"我为创效献一策"活动优秀合理化建议展播

中铁十局工会组织发动职工群众围绕工程项目"降成本、提效率、增收入、创效益"提出合理化建议,广大职工积极献计献策,营造出"效益提升、人人有责,价值创造、人人有为"的良好氛围,为实现"效益提升、价值创造",助推企业高质量发展做出积极贡献。

一、合理化建议提议人:梅松,五公司滇中引水项目部工程部部长、助理工程师,先后荣获中铁十局优秀共青团员,五公司科技标兵、先进生产(工作)者等称号。

二、合理化建议内容:引水工程小断面隧洞扒渣支护结合机载。

三、合理化建议背景:小断面隧洞由于开挖断面小,施工作业空间过小,传统的施工台架在隧洞内施工由于隧洞施工工序的不同特性,需要在使用结束后利用其他机械进行移动,从而导致施工速度变慢,循环时间延长。此外,传统台架由于直接架设于基岩面上,导致其施工空间固定,无法应对小断面隧洞内不同围岩开挖断面尺寸的变化。上述原因在施工工期紧、施工难度大、施工战线长的小断面隧洞施工过程中不适用。

隧洞扒渣机加装工作平台是用于小断面隧洞的一种与扒渣机结合的施工作业平台,针对隧洞断面小,施工作业平台有限,在扒渣机上加设一个自制施工作业平台与其结合在一起,利用扒渣机的机动性来减少工序衔接时间和增加作业台架的机动性等有利于减少隧洞施工循环时间的影响,从而达到显著的"节时高效"作用。

四、合理化建议理由:引水工程小断面隧洞扒渣支护结合机载折叠平台具有以下优点。

1.相比传统开挖支护台架,该平台机动性增加,不需要装载机等机械配合进行移动,从而减少施工准备时间;

2.与传统台架相比安全性更好,因其除爆破之外不需要退离掌子面,减少了洞内其他工作机械碰撞的风险,其固定在扒渣机上比传统台架直接架设在隧洞底板上更稳定;

3.与传统台架相比，其作业空间大大提高，传统台架在钻孔时，其操作空间只能容纳四台钻杆的操作空间，而隧洞扒渣机加装工作平台能容纳6台钻杆的操作空间，钻孔时间减少33%。

五、合理化建议成效。

小路南2#隧洞进口自2020年8月进洞以来，截至2022年10月底已累计开挖进尺2059米，其中V类围岩单月进尺达到116米，创下红河施工1标2标相同条件下进尺纪录，平均日进尺为3.9米；

小路南2#隧洞2#支洞（斜井）由于隧洞底板坡度较大，施工难度比普通支洞大大增加，循环时间随着隧洞里程的加大也不断变多，在施工难度变得越来越大的情况下，此支洞于2021年11月15日顺利贯通，比计划工期提前了60天；

小路南2#隧洞3#支洞（永久检修洞）自2020年3月6日进洞，其间自里程检0+260.000开始隧洞内出水量不断增大，日出水量最大达到350m³/h，在出水量不断增大的情况下，此支洞创下IV类围岩6米的日进尺纪录。

小路南2#隧洞4#支洞由于洞口变更的原因比原计划进洞时间推迟70天，已超前完成业主下达的年度计划实现全面贯通。

［摘自：中铁十局职工之家.项目创效精彩纷呈，群英荟萃谁显峥嵘——优秀合理化建议展播（三）］

第四节　发挥"隐形发动机"作用

一、强化宣传，统一思想，发挥合理化建议活动的"隐形发动机"作用

合理化建议活动，对企业的管理改善、质量提升、工艺改进、降本增效和节能环保作用很大。单位要激发职工的主人翁精神，围绕管理、技

术、工艺创新以及价值创造开展合理化建议工作，积极参与各项岗位改进等工作。要提高认识，调动员工参与合理化建议工作的积极性。以正向激励为主，抓好合理化建议工作的宣传发动工作，认真对待员工提的每一条建议，保护好员工的积极性。企业可以通过多种渠道，广泛做好思想动员工作，扩大合理化建议在职工群众中的影响力。针对职工存在的各种模糊认识有的放矢地进行主人翁意识和形势任务教育，引导职工全面了解相关情况和当前企业的中心任务，使其深刻理解开展群众性合理化建议活动的目的和意义，从而激发职工提交合理化建议的积极性。具体可以利用会议、班组活动、广播网络等多种形式，全面开展合理化建议活动的宣传工作，让每位职工都明白不是只要按部就班地完成既定工作就可以，而是需要不断思考，积极寻找工作中存在的问题，也要根据存在的问题研究出解决的对策或方案，从而收集到有效且优异的合理化建议并付诸实际。

二、健全机构、建立机制，提升合理化建议活动的制度化规范化

可根据需要设立专门的合理化建议管理委员会，委员会下设相关合理化建议的评审小组和合理化建议工作办公室，对职工提交的合理化建议进行评估，对建议的项目、内容进行全面分析，将有价值的建议和方案上报公司相关领导审核后，按照属地管理原则指定相应的部门或专人进行落实。合理化建议工作办公室应负责协调各部门之间的分工协作，并监督落实情况和工作进度。

制定一套完善的管理制度及奖励办法并严格执行，保证合理化建议工作的长期性。一是坚持动态化实施机制。对职工提出的合理化建议，企业工会组织应该以各种方式传递到职工之间，供其他职工参考和学习。二是实施多元化奖励机制。设置丰富的奖项，如合理化建议组织推广奖、合理化建议优秀班组、合理化建议金点子奖、合理化建议点子王奖、合理化建议积极分子获奖集体和个人等，实施合理化建议积分兑换奖品活动，通过大会等形式对职工进行表彰，实行合理化建议抽奖活动等，可

以激发职工的积极性，提高职工对集体的归属感，在促进职工学技术、提素质的同时，也可以进一步促进企业的经济发展，达到职工与企业共赢的目的。

三、搭建平台、注重培训，推动合理化建议活动提质增效

为职工搭建贡献智慧、发挥创造力的平台。以问题为导向，将合理化建议工作与单位阶段性重点难点工作相结合，引导员工关注单位重点工作，突出价值创造和改进成效，把建议转化为优化流程、改进技术、完善工艺、降低成本、提高效率的改善工作，突出合理化建议工作的实效性。

广大职工是合理化建议活动的实施者，职工的素质决定着合理化建议的质量，因此要想得到符合要求的合理化建议，就应该重视开展对职工新技术、新知识的培训工作，增强职工的创新意识和能力，提升职工科学文化素质。在提高合理化建议的质量，促进合理化建议的先进性、可行性和效益性的同时，不断提升职工思考问题、提出问题和解决问题的能力，建设知识型、技术型、创新型的职工队伍，着眼于企业高技能人才培训，提高职工技术创新能力，提速行业技术创新发展。企业在提质增效中开展职工合理化建议的意义和目的显而易见，它是职工参与企业管理、促进技术进步、增强创新能力、提高经济效益的有效载体。

提质增效中的合理化建议活动具有群众基础广泛、与生产实践联系紧密直接的特点，这使得它在解决企业生产、技术、管理、服务等领域中的热点、难点问题方面展现出独特优势。合理化建议活动是办好企业的重要途径和有效方法。只有充分调动和发挥职工的聪明才智，企业才能充满生机和活力，群策群力破解生产经营中的各种难题。广泛发动，搭建创新平台，鼓励职工提出合理化建议，始终坚持以市场为导向，把创新看作每位职工的一种重要能力，力求在职工的创新中寻找企业发展的最佳模式，激发职工的创新欲望。

第九章

合理化建议活动的组织实施

再好的建议如果不能组织落实，也毫无意义。合理化建议活动的组织实施涉及企业、事业单位生产活动的方方面面，如何协调好部门之间、专业之间关系尤为重要。因此，需要建立制度化运行模式，制定一套完善的管理制度及奖励办法并严格执行，推动形成"工会组织引导，行政联合评审，分层分级运行，反馈激励保障"的总体思路。

第一节　设立组织领导机构

组织领导机构是否科学合理决定着合理化建议活动的成效。应根据合理化建议活动的性质、范围、内容、目标及企业、事业单位需要，环境因素及参加活动者的素质、需求等客观条件，合理配置要素，划分职权，明确各部门、职位、成员间协作关系。

1.设立科学合理的组织领导机构需要遵循以下原则。一是统一领导原则。与正常生产经营秩序条件下的决策和执行链条不同，必须突出其领导作用，旨在统一指挥、管理、计划，达到政令合一。二是分工协作原则。因其关联生产、计划、营销、技术、劳资、财务及至党的组织、宣传、政治工作等领域和部门，需要明确分工，注重合作。三是最佳管理幅度。决策领导者和职能部门领导者直接领导的下属机构层次和人员数目的最适宜范围即最佳管理幅度，数量要少，能力要强，素质要高，运作要灵活高效，降低组织领导活动成本，调动和发挥各管理层次和每个领导者的积极主动性。四是稳定灵活原则。稳定是指机构一经设立，保持相对稳定，灵活是指根据环境变化和发展需要适时调整。

2.合理化建议活动组织领导机构设置应分层分级。全国范围内合理化建议和技术革新活动的组织和领导工作由全国总工会负责，国务院有关部委负责指导、完善和督促落实奖励政策和项目采纳、实施等。基层企业、事业单位的合理化建议组织领导机构应由企业、事业单位行政、工会和有关部门负责人组成，根据企业、事业单位实际形成自上而下的三级组织网络体系。一是大中型企业、事业单位设合理化建议委员会或评审委员会，通常由主管生产技术的企业、事业单位行政领导或总工程师担任领导，委员由工会主席及有关部门负责人、科技人员、职工代表等组成。二是分厂或小型企业、事业单位设评审小组和合理化建议领导小组。三是车间、班组根据需要设立合理化建议员。

3.合理化建议活动组织领导机构的职责任务如下。一是认真贯彻执行国家有关合理化建议和技术革新的方针、政策和法规。二是制订目标规划，提出各个时期重点方向。三是组织动员协调部门开展活动，总结交流经验。四是督促检查合理化建议、技术革新的征集、筛选、评审、实施、鉴定、推广、表彰、奖励等工作。五是组织有关部门编写重大成果资料，做好转让、归档、上报、技术资料交流等工作。

4.合理化建议活动工作机构人员职责。合理化建议评审委员会是负责评审的专门机构，可按专业设不同评审小组，如生产技术评审组、经营管理评审组、政治工作评审组等，以提升采纳与否的专业度和科学性。车间专兼职合理化建议专管人员负责编制本车间年度、季度、月度合理化建议计划，并针对本企业、事业单位、车间薄弱环节发动职工开展活动。登记、审查、上报企业、事业单位合理化建议办公室及有关部门，并定期公布处理情况。班组合理化建议员一般由工会组长兼任，职责是负责本班组合理化建议和技术改进项目的审查、传递和推广，并协助解决实施中出现的问题。

值得注意的是，企业、事业单位合理化建议评审委员会或评审小组每年需向职工代表大会报告实施情况，接受职工监督，保证评审小组公正有效。企业、事业单位除了设立合理化建议活动领导机构外，还设立专兼职工作机构。行政方面设置专职机构合理化建议办公室，配备专职人员，做好日常管理，包括项目的整理、分类、筛选、初审、转送、报送、反馈等。工会成立专门工作委员会或配专兼职工会干部，负责日常组织发动等群众工作。

第二节　健全合理化建议活动制度

制度建设在推动企业、事业单位开展合理化建议活动中作用巨大。合理化建议活动是在制度的大力推动下得以蓬勃发展，并以群众活动的方式进行的，突出职工群众当家作主的主题。合理化建议活动制度应能契合时代的发展，契合企业、事业单位的实际，契合职工群众的成熟状况，以此推动企业、事业单位的发展。在开展合理化建议活动制度建设过程中，应该把握三个重点。

一、正确认识制度的作用，提高领导的关注度

正确认识制度的作用，提高领导的关注度，是企业、事业单位开展合理化建议活动建设的关键。具体来说，提高领导的关注度包括：参与制度制定、听取专题汇报、举行奖励仪式、纳入文化建设。

1.参与制度制定，主要是解决制度制定之后的执行力问题。领导亲自参加制度制定，能大幅度提高制度执行的力度。

2.听取专题汇报，主要解决制度制定后的改进问题。领导通过听取汇报，及时总结经验，发现问题，改进制度，保证制度与时俱进并具有鲜活的生命力。

3.举行奖励仪式，主要解决职工群众的精神激励问题。大力表彰参与活动、做出成绩的职工群众，能树立榜样，聚集职工群众的正能量。

4.纳入文化建设，主要解决活动的非制度执行问题。通过领导关注，带动文化建设，从而提高非制度执行的力度。

二、明确活动的群众属性，提高群众的参与度

企业、事业单位合理化建议活动从一开始，就打上了"群众活动"的烙印。许多企业、事业单位在活动开展过程中，刚开始时热热闹闹，过一段时间后冷冷清清，最后草草收场，症结就是活动脱离了职工群众，最终成了无源之水、无本之木。因此，明确活动的群众属性，提高群众的参与度是制度制定的指导思想。提高群众的参与度包括：活动专项培训、困难阶段转移、成果职工命名、利益共同分享。

1.活动专项培训，主要解决职工群众如何正确参与活动的问题。"望制度浩叹"常常是职工群众参与活动的困惑，也是造成活动无法达到预定的

目标的原因。把活动专项培训作为宣传发动的组成部分，能达到事半功倍的效果。

2.困难阶段转移，主要解决职工群众在参与活动过程中，遇到困难怎么办的问题。遇到困难而放弃，是职工群众参与活动时常常被动采取的办法，原因是群众提出的合理化建议往往难以由一个人独立完成，甚至需要借助企业、事业单位外部的力量。因此，必须建立困难阶段转移机制，使活动在困难传递过程中得以解决。

3.成果职工命名，主要解决职工群众在取得活动效果后的署名权问题。"张三扳手""李四工作法"等，这种以成果命名的方式在科学界被广泛采用。成果职工命名，可以提高职工群众参与活动的荣誉感，可以赋予参与活动的职工群众工作的崇高感。

4.利益共同分享，主要解决活动成果的利益分配问题。企业、事业单位的发展包括企业、事业单位经济的发展与职工的发展，必须实现"企业、事业单位开展合理化建议活动—职工群众参与—企业、事业单位提高效益—职工群众参与利益分配—企业、事业单位开展合理化建议活动"循环的顺利进行，达到企业、事业单位与职工的双赢。

三、完善制度的框架结构，提高制度的契合度

从制度的系统性来看，完善制度的框架结构，提高制度的契合度，是制度制定的技术关键。具体来说，完善的制度框架结构包括：基本内容界定及制度制定。基本内容界定，主要解决"为什么要干、干什么"等问题，包括制定目的、依据、原则、定义、范围、解释权、生效日期等内容的一般性说明。制度制定包括岗位责任制度、工作流程制度、成果审核制度、经费保障制度、信息反馈制度、效果奖励制度等。

1.岗位责任制度主要解决"谁来干"的问题，包括领导机构，归口管理部门，牵头部门，配合部门的职责定位、工作标准等。

2.工作流程制度主要解决"怎么干"的问题，包括建议提出流程和审核流程、实施流程、成果的报告和审核流程、奖励执行流程等。

3.效果奖励制度主要解决利益"怎么分"的问题，包括按成果内容的

分类、按成果使用范围的分级、按成果效益大小的分档等。

4.成果审核制度主要解决成果"怎么算"的问题。

5.经费保障制度主要解决费用"怎么来"的问题。

6.信息反馈制度主要解决职工群众的知情权与激励的问题。

因此，在企业、事业单位开展合理化建议活动的具体实践过程中，要紧紧抓住"群众活动"这一根本属性，借鉴制度框架一般性规律，加强合理化建议活动制度建设，这是搭建职工群众展现自我的平台，鼓励职工群众参与民主管理、提高企业、事业单位核心竞争力的重要途径与方法。

 示例

××公司员工合理化建议管理条例

一、总则

为充分保护、调动全体员工参与公司管理的积极性，改善公司管理，提高经营效益，特制定本条例。

二、管理范围

以下范围的建议是应鼓励和可接受的：

（一）经营管理思路和方法的改进；

（二）各种工作流程、规程的改进；

（三）新产品开发、营销、市场开拓的建议；

（四）现有产品性能的改进；

（五）新产品技术革新、现有技术的改进；

（六）原辅材料节约、三废利用；

（七）品质的改进；

（八）降低成本和各种消耗；

（九）安全生产；

（十）加强政治思想工作和凝聚力；

（十一）其他任何有利于本公司的改进事项。

以下范围的建议不予受理：

（一）夸夸其谈、无实质内容的；

（二）为完成合理化建议的任务而无新意的；

（三）公认的事实或正在改善的；

（四）已被采用过或已有的重复建议；

（五）在正常工作渠道被指令执行的；

（六）针对个人及私生活的。

三、组织机构

公司成立合理化建议委员会。该委员会由公司总经理，总经办主任，委员由各有关职能部门经理和人力资源部、员工代表组成。在该委员会中还可设立专门小组，如建议提案审查组、处理组、执行组，负责提案的征集、登记、整理、评审、传递、总评存档等日常工作。在公司的各级部门，可设立相应的合理化建议委员会分会。

合理化建议委员会职责范围：

（一）提出或修订公司合理化建议活动的政策方针和总体规划；

（二）批准合理化建议活动的年度经费预算；

（三）制定和实施建议活动的工作流程；

（四）审查和监督重大合理化建议的实施；

（五）总结、评估、奖励每年的合理化建议活动。

四、管理程序

（一）公司合理化建议委员会颁布实施合理化建议活动的工作流程，并进行必要的培训。

（二）公司员工均有权对公司经营管理运作情况提出建议。该建议可用较正规的提案表填写。提案表主要记载事项：

1.建议人姓名、部门、职务；

2.提案日期；

3.提案原因或理由；

4.建议方案或措施；

5.预期效果及改善前后比较分析；

6.其他事项。

（1）员工建议可通过公司 OA 系统员工合理化建议栏提交建议，或以邮件发到合理化建议委员会的指定邮箱。合理化建议委员会工作成员定期收集建议并给予反馈。允许员工建议是匿名或联名的。合理化建议委员会也可公布若干经营管理问题或难题，征召建议。收到提案后即进行登记、编号，同一内容以先提者为准，同一日提案视为联名。经初步分类整理后送有关专家或被提案单位初审。不予受理或暂时保留的，应及时通知原建议人。原建议人准予申诉一次。初审认可后，委员会进行复审。复审中对提案划分等级，并落实提案执行部门和主办人。

（2）提案依其重要性分为四级：

A级，重要的，多为创新性的；

B级，较重要的，多为改良性的；

C级，一般性的；

D级，反映在个别问题点上的。

（3）对提案落实执行情况进行调查、追踪，协调解决存在的问题。对提案执行情况进行总结、效果评估、效益测算及相关资料归档保存。将提案结果作成报告拟订奖励方案，报委员会核准后在 OA 系统上公布。提案改进结果所产生的专利、专有技术和成果，其知识产权属公司所有。

五、奖励

（一）奖励办法

1.凡 1 年内提出建议累计 3 项，且均不采用的，发给奖金××元。

2.凡 1 年内提出建议累计 3 项，且均为暂保留的，发给奖金××元。

3.对正式受理且分类为 A 类的，发给奖金××元。

4.对因改善而降低成本或增加收入的，按下列比例提取奖金：

（1）年节约或新创价值 100 万元以上，按 1%计算。

（2）年节约或部门报创价值 50 万元以上至 100 万元以下，按 1%—1.5%计算。

（3）年节约或新创价值 10 万元以上至 50 万元以下，按 1.5%—2%计算。

（4）年节约或新创价值 1 万元以上至 10 万元以下，按 2%—3%计算。年节约或新创价值 1000 元以上至 1 万元以下，按 3%—4%计算。

（二）提案改进结果推动注册了公司所有的专利、专有技术和成果，可给建议人一次性特别奖金。

（三）保留或不采用的提议如后续得到采纳，按第二条给建议人追认奖励。

（四）联名建议的奖励分配由具名在前的第一提案人主持，其他建议人如不服可向委员会申诉。

（五）公司的合理化成果可报当地政府申报合理化建议奖。

（六）公司总经理或其他高级职员的合理化建议及其奖励由公司董事会参照本条例执行。

（七）合理化建议奖励金在公司成本费用中列支，不列入工资总额，公司可适当提取合理化活动费。

六、附则

员工合理化建议在经过合理化建议委员会审议核准后应落实到具体承办和协助部门。本条例经总经理办公会议通过后颁行。

第三节　筹划与发动

发起合理化建议活动从征集合理化建议开始。征集工作没有固定模式，旨在激发职工群众参与合理化建议热情。避免格式固定、形式单一和方法老套，提倡多渠道、多层次、多方法、多形式，紧跟形势、紧贴职工，不断创新、与时俱进。下面介绍经企业成功实践总结提炼的方法。

1.集中提议法。企事业单位根据当年形势发展，集中一段时间（如合理化建议月、周、日）集中人力、大造声势开展征集活动。但终究受时间限制，需要结合其他形式，保证合理化建议长流水、不断线。

2.竞赛激励法。把合理化建议纳入正常劳动竞赛轨道，并作为劳动竞赛的主要指标和重要内容进行考核评比。或者开展合理化建议专题竞赛活动，发挥竞赛激励作用，最大限度调动职工提合理化建议的积极性。借助社会主义劳动竞赛的经常性，实现合理化建议活动的经常性。

3.焦点引导法。限定合理化建议的方向和主题，引导职工瞄准目标献计献策。企事业单位将生产或技术中的难题作为课题公之于众，采用课题招标、明码招标、技术答辩、组织审议等形式，吸引能者揭榜夺标，发现人才。此外，如"我为工厂节能降耗献一计"专题征答活动、"企业有困难，我们怎么办"专题讨论会、"假如我是一个厂长"专题演讲会等，由于主题明确、焦点集中，效果较好。

4.分类发动法。根据不同对象，采取不同方法。一是党、政、工、青、女工五管齐下。党委号召党员干部发挥先锋模范作用，影响一大批、带动一大片；单位科技部门张榜招标实行技术难题攻关；工会召集劳模先进座谈会、工程技术人员专题研讨会、老工人献招会、青年工人交流会、管理干部理顺业务恳谈会等，发挥工程技术人员的中坚作用、骨干先进的榜样示范作用；共青团组织企业团员开展"五小"活动；工会女工委组织女工搞献计献策活动等。营造"提合理化建议光荣，不提合理化建议唯恐落后"的氛围。二是厂、车间（科室）、班组齐行动。工厂统一布置、统一行动。车间（科室）主动跟进，安全部门的"百日安全"活动，科技部门的"讲理想、比贡献、求创新"合理化建议活动，企业管理部门的"一人一计"现代化管理方法合理化建议活动，技协组织在能工巧匠和技协积极分子中开展的合理化建议活动，各生产车间聚焦生产技术关键开展的合理化建议活动等。班组人员立足本职，以小改小革为重点，爱厂爱岗位，务实推动，做主人事、尽主人责、献主人计。

5.融合推进法。一是合理化建议活动与职代会融合推进。在筹备召开职代会时，集中时间、集中力量，通过工会和职工代表组织职工开展合理化建议活动；在职代会召开期间，围绕企业行政工作报告和民主评议干部提合理化建议；在职代会闭会期间，对职代会讨论通过的较重大的合理化建议项目组织职工代表进行检查督促，保证其实施。合理化建议活动与职代会结合，一方面调动了广大职工参政议政的积极性，落实职工的民主权利，另一方面，使得职代会通过和采纳的合理化建议的实施有了可靠保证。二是合理化建议活动与专题月活动融合推进。在企业生产经营活动中，为了保证安全、提高质量、促进环保和节约能源，经常要开展以上述内容为主题的专题月活动，如安全月、质量月、环保月、节能月等。结合这些专题月开展合理化建议活动，目标集中、针对性强、实施快、实现率高，且能对安全、质量、环保、节能产生直接影响，创造效益，值得提倡推广。

第四节　评审和实施

合理化建议的评审和实施是合理化建议运作管理过程的主要内容。程序如下。

1.申报。合理化建议提出人填写合理化建议申报表或建议书，送交本单位负责合理化建议工作的部门或人员。申报表是有关部门和人员认定、评审和采纳的基本依据。提出日期以申报表填写日期为准。格式见本章表1。

2.登记。实施专人负责登记，全面掌握本单位合理化建议情况，跟踪每一件合理化建议的进程和处理结果。登记的内容包括：建议名称、预计经济效益、建议人姓名、性别、年龄、职务、评审处理结果、实施日期、成果评定等级、奖励情况等。格式见本章表2。

3.传递。登记后的传递是一道保障实质性工作顺利进行的重要程序，要做到及时、准确、不可丢失。一般流程是：企事业提出生产、技术、经营管理和精神文明建设方针任务目标等有关信息→职工个人围绕企事业提供的有关信息填写建议项目→班组骨干民主初议意见→车间、部门领导小组审查结论登记造册→厂工会登记造册、专项分类→审核小组逐条审查发出信息→归口部门发动群众、组织实施→专业小组按要求组织验收、鉴定→稳定期评价结论→厂合理化建议评审委员会→评定结果、奖励标准→企业经营组织授予荣誉称号。各单位根据自身实际灵活运用。有的单位制定《合理化建议书传递登记表》，每个传递环节经办人签证、注明日期，保证及时传递。传递登记表格式见本章表3。

4.评审。对项目进步性、可行性、效益性分析鉴别，按照价值大小对项目排序、部署，是一项实质性的重要管理程序。一要做到权威性。评审机构人员构成具有代表性、专业性，行政、工会及有关部门负责人和有关方面专家要参加。二要做到及时性：分级、分口、分层次评审。分级一般分为车间（科室）和工厂（公司）两级，分口指按照生产技术、经营管理、生产福利、安技环保、思政工作等类别分设评审小组、分头评审。分层次是按照创造价值的多少分别由不同级别评审小组审定，可以大大加快评审进度和保证评审质量。三要做到严肃性。职工提出的每一项合理化建议，蕴含着职工的国家主人翁责任感和企业的认同感，所以，对被评审的建议不能草率处理、不能求全责备、不能轻易否定，要热心对待、认真处理。不定期通过现场评审会、答辩会、落实合理化建议联席会等形式评审，按规定办事，不讲私情、不拉关系，保证公平性。

5.答复。评审结果，无论是否采纳，都要及时通知到建议者本人，做到迅速、及时、认真、郑重，做到件件有着落、条条有回音。书面答复以示郑重。如有不同意见，可向有关部门或个人提出，有关部门酌情确定是否重新评议。如双方有争执，可请上级部门裁决。

6.实施。合理化建议活动的目的在于实施和创造效益。要发挥自力更生和自主精神，凡个人、班组、车间能够实施的不必依赖于上一级实施；对于比较重大的，需要工厂（公司）负责组织实施的，一般纳入行政计划，定项目定人员定时间，限期完成；实行技术承包，即由委托单位（主管部门）与承包部门（车间等）签订承包合同，保证完成；开展技术攻关，即组成专门攻关组织，负责项目实施。

7.鉴定。经过鉴定，合理化建议的价值才能得到正式确认并获得奖励依据。一般分三种情况。

（1）已经实施的合理化建议，在办理验收鉴定之前，必须经过一定时间的生产实践考验。具体要求是：一般项目应连续使用3个月以上；较重要项目，如专用机床设备、小型自动线、新工艺、新技术、厂部课题以及较重要的经营管理项目等，应连续使用6个月以上；重要科研技措项目，如大型自动化处理系统，成台产品重大结构性能改进，环境保护的重大措施以及重大的经营管理措施或现代化管理技术等，应连续使用9个月以上，如在考验期发现有重大缺陷，必须在改进设计后，重新考验6个月以上期限；小改小革及确实无须进行考验的项目，经合理化建议机构认可后，应及时办理鉴定手续。

（2）已经实施的合理化建议经过一定时间的考验后，由实施单位整理出符合档案管理要求的资料，填报合理化建议和技术改进成果鉴定申报表，申报鉴定评审。需要整理提供的资料包括：全过程的技术总结、全套图纸或软件，制订的操作规程、安全规程，用户意见或使用单位使用报告等。

（3）在分级实施的基础上，实行分级鉴定。一般性的小改革项目和在一个单位内提出、采纳实施的项目，由车间科室、分厂（分公司）组织鉴定，并自己解决建议实施后的有关事项，如果项目涉及别的部门时，可邀请有关单位人员参加；涉及面广、一个单位无法鉴定的项目，由厂（公司）合理化建议办公室组织鉴定，并由厂（公司）解决建议实现后的有关事项；发明创造及重大的环保质量科技成果、经营管理等项目，视情况依照厂（公司）有关技术管理规定进行评议和鉴定，个别重大项目可提交厂（公司）合理化建议委员会讨论；鉴定小组经过试验和验证，做出成果评价结论，并填写成果鉴定表，作为奖励的依据。鉴定表格式见本章表6。

第五节 表彰奖励与经验推广

一、表彰奖励

表彰奖励是对职工劳动成果和再创造的奖励。包括对合理化建议的表彰奖励和合理化建议活动的表彰奖励，以成果的经济效益为主要依据。合理化建议活动先进集体的评比，按照合理化建议提出率、采纳率、实施率三项指标，并结合各单位合理化建议总经济效益进行综合评比。

（一）可直接计算经济效益的合理化建议

主要以经济效益大小作为奖励等级的标准，同时根据合理化建议活动产生的意义作用大小、技术难易程度、首创还是移植、是否本职工作职责等确定奖励浮动空间。

合理化建议和技术改进的年节约或创造的价值，指扣除实施费用后的净增价值，其计算方法是由采用之日起（"采用之日"应理解为实施后见经济效益之日），按十二个月计算，可以跨年度。实施费用的分摊办法，由采纳单位自定一次分摊或逐年分摊。一般的计算方法如下。

1.节约价值计算。

（1）工时节约价值＝（原定额工时–改进后定额工时）×计算期前一年平均工时费用×计算期实际产量–工艺改革费用。

工艺改革费用是实施费用的组成部分，包括为改革工艺所支付的一切费用及工艺改革后需增加的费用支出。工艺改革费用中，属于添置固定资产者，按其折旧年限平均分摊，其他一次或逐年分摊，下同。

（2）原料、燃料、材料、动力、工具等节约价值＝（原实际平均先进单位消耗定额–改进后实际单位消耗）×该物资单价×计算期的实际产量–工艺改革费用。

物资单价指计算期内的国家牌价。没有国家牌价的物资，按实际价计算。如系替代材料，其单价应为替代前、后材料的单价差。

（3）减少废品节约价值＝成品或半成品单件价值×（改进前六个月的平均废品率–改进后六个月的平均废品率）×计算期计划产量–工艺改革费用。

（4）工程设计节约价值＝（单项工程的审定预算–合理化建议和技术改进实施后的单项工程决算）×相同设计的单项工程施工项数–施工工艺改革等实施费用。

2.新工艺创经济价值计算。

创经济价值＝（老工艺产品或半成品等的平均先进单位成本–新工艺产品或半成品等的单位成本）×计算期的实际产量。

新工艺产品的成本指工厂成本，半成品的成本指工厂内部核算成本，均包括工艺改革费用。

3.新产品、新花色创经济价值计算。

创经济价值＝（计算期为十二个月的平均销售单价–单位产品平均工厂成本–单位产品平均销售费用–单位产品税金）×计算期实际销售量单位

产品税金为销售单价×税率。

享受减免税待遇的新产品，在计算时仍按原规定计算税金。

4.技术服务等其他方面创经济价值，由各行业根据具体情况自定计算方法。

（二）难计算经济效益的合理化建议的奖励标准和奖励等级

诸如有关管理、产品质量、安全技术、环境保护等，应考虑其解决问题的重要性、应用范围、进步水平，用评分方法决定奖励等级。即，先按以下评分标准分别评出单项分。

1.解决问题重要性。解决重大问题 35 分；解决重要问题 25 分；解决较重要问题 15 分；解决一般问题 5 分。

2.应用范围：应用于全单位 20 分；应用于中层单位 15 分；应用于基层单位 10 分；应用于个别岗位 5 分。

3.进步水平：全国范围内进步 40 分；省、自治区、直辖市范围内进步 30 分；省辖市、县范围内进步 20 分；本单位范围内进步 10 分。

算出上述三个单项分数的总和后，可按如下对应标准决定奖励等级

奖励等级	总分数
一	85—95
二	70—84
三	55—69
四	40—54
五	25—39

（三）一些具体特殊情况的合理化建议奖励标准和计算方法

1.合理化建议和技术改进项目实施前，实施单位的工时、原材料、燃料、消耗指标已达到国际先进水平者，按实施后取得的经济效益或社会效益，提高一个等级奖励。移植、推广国内已经应用的科技成果，在本单位提出合理化建议和技术改进取得经济效益或社会效益者，降低一个等级奖励。

2.实施若干年后才能一次性见效的项目（如建筑工程），预先估算其节约或创造价值的总额，除以实施年限，作为该项目的年节约或创造价值。

二、经验推广

合理化建议成果能够产生较大的经济效益和社会效益，必须做好合理化建议成果的推广应用，为此应做好的主要工作是：凡经过验收投产的建议革新项目，应及时向上级及有关方面传递信息，组织交流推广扩大经济效益；能够形成技术商品、有社会价值的成果，应使之进入技术市场，进行有偿转让；对于群众提出的具有较大技术和经济价值，由于客观条件限制，暂时还难以实施的建议，要认真对待、妥善处理，在按程序认真审查后，及时纳入技术档案，待条件成熟后投入使用。在推广应用成果的同时，也要重视活动中出现的新举措、新做法、新经验的总结交流工作，推动合理化建议活动不断深入和创新。

在实践中，合理化建议活动先进典型经验的推广方法主要有：典型示范，现场交流；巡回宣讲，广泛交流；播放录像，形象交流；发布成果，评比交流；总结表彰，全面交流；利用媒体，弘扬交流；等等。通过运用上述方法，推动先进生产力的发展，推动先进文化的发展，最终满足和实现国家、企事业和职工个人三者利益的统一。

第六节　过程监督检查

加强监督和检查是合理化建议活动过程管理的一项重要设计。具体监督检查方式包括以下三方面内容。

一、职代会监督检查。厂长（经理）向职代会报告工作时要同时汇报合理化建议活动的开展情况；职工代表在讨论工作报告时，有权对合理化建议的处理、实施和奖励情况提出质询，厂长（经理）应认真回答，自觉接受群众监督。

二、上级部门监督检查。上级主管部门应经常对基层开展合理化建议活动情况进行了解和督促指导。企事业单位也要自查合理化建议活动开展情况，建立多种有效考核制度，同奖惩制度紧密结合起来。

三、合理化建议者监督检查。合理化建议者对本人所提建议的处理情况可以随时查询。发现如有积压，可以督促有关部门迅速加以处理（一般单位规定在三个月内要有反馈）。如对处理结果有异议，可以提请评审组织复议，或请上级部门裁决。

第七节　常用文书与表格

本节梳理了基层在开展合理化建议活动中经常会使用到的文书与表格，进一步提升合理化建议活动的规范性和严肃性。

表1 合理化建议和技术改进项目申报表

申报日期 　　年　　月　　日　　　　　　项目编号

建议（改进）项目名称				
建议人姓名	工作单位	工龄	职务	职称

建议（改进）项目推荐实施范围、对象：

建议（改进）项目针对解决问题的现状梗概（必要时附调查证明材料）：

建议（改进）项目实施方案、方法或措施等的简要说明（必要时可另附图纸、模型、数据、计算依据和可行性证明材料）：

经济效益或社会效益的预测：

备注：

建议人代表签字（盖章）

申报日期　　　年　　　月　　　日

采纳审定	有关业务部门意见： 　　　　　　　　　　　　　　　　　负责人签字 审定日期　　　年　　　月　　　日
	评审委员会或评审小组意见： 　　　　　　　　　　　　　　　　　负责人签字 审定日期　　　年　　　月　　　日

续表

奖励评定	有关业务部门对年节约或创造价值的计算或评分： 负责人签字 审定日期　　年　　月　　日
	财务部门对年节约或创造价值的审核： 负责人签字 审定日期　　年　　月　　日
	评审委员会关于奖励等级或奖金额的决定： 负责人签字 审定日期　　年　　月　　日

表 2　合理化建议登记表

共　　页第　　页

序号	厂（公司）编号	分单位编号	合理化建议名称	预计经济效益	建议人				传递处理结果		实施、成果奖励			
					姓名	性别	年龄	职务	日期	预计等级	实施日期	成果申报日期	评定等级	奖励（元）

单位领导：　　　　　　编制：　　　　　　日期：

［本表一式两份，交厂（公司）一份，自存一份］

表 3 合理化建议传递登记表

共　　页第　　页

序号	厂（公司）编号	分单位编号	合理化建议名称	预计经济效益	传递经办人签证						传递处理结果	备注
					日期	姓名	日/月	姓名	日/月	姓名		

单位领导：　　　　　　编制：　　　　　　日期：

表 4 月份合理化建议活动考核细则表

序号	考核项目	考核标准	标准分	实得分
1	组织机构健全（20分）	1.按要求成立合理化建议领导小组，月有活动，有记录	5	
		2.年有规划、方案，季有计划，月有安排，群众性广，有效果	15	
2	管理工作标准化、制度化（55分）	1.设专（兼）干部负责合理化建议工作，每月提出合理化建议的件数，达到厂（公司）规定人均数的20%（件、项）	30	
		2.管理制度严密科学，所填报表内容齐全，有实施办法、主要内容、改进意见、预计效果等	10	
		3.单位领导小组，每月能研究、审核一次职工建议内容，并填写意见	10	
		4.每月5日前，能将上月报表报送厂（公司）工会	5	

续表

序号	考核项目	考核标准	标准分	实得分
3	活动广泛成效明显（30 分）	1.每月能向职工进行一次发动和宣传教育	5	
		2.能用板报、广播、标语等形式及时宣传提合理化建议方面好的集体和个人典型。每月采纳实现率按厂（公司）要求达到12%，年均达到60%以上	15	
		3.建立健全各种账卡，原始记录健全	5	
	说明	1.逐月考核，用数据说话		
		2.该项考核得分，结合工会在责任制方面所掌握的4分每月实行计分计奖		
		3.要求年人均提建议、革新一项以上，实现率60%以上		
		4.要求年人均创造价值150元以上		

表5 经济效果计算

年　　月　　日

	原定额工时（元）	新定额工时（元）	单台节约工时	全年节约工时	工时价格（元/时）	节约总工时（元）
工时节约						
	定额员签章					
	原定额材料（元）	新定额材料（元）	单台节约材料	全年节约材料	材料价格（元/公斤）	节约总材料（元）
材料节约						
	材料员签章					
其他节约	签章					
质量鉴定	签章					
总节约（元）			应得奖金			
备注						

表6　技术革新成果鉴定表

申报单位（或个人姓名）：　　　　　　　　　　　　　　厂编号：

成果名称		申报日期	
革新者		性别	是否党团员	
文化程度		年龄	职务	
革新内容（技术参数、特点及原理）：				
单位评审小组意见	组长： 　　年　　月　　日			
成果纳入文件日期	于　　年　　月　　日纳入工艺　　　　　　签字			
	于　　年　　月　　日纳入设计　　　　　　签字			
	于　　年　　月　　日纳入工时定额　　　　签字			
	于　　年　　月　　日纳入材料定额　　　　签字			
	于　　年　　月　　日纳入固定资产　　　　签字			
	……　　　　　……　　　　　……			
	于　　年　　月　　日纳入固定资产　　　　签字			
厂鉴定评审结果	厂评审组	组长： 　　年　　月　　日		
	厂评审委员会	总工程师： 总会计师： 　　年　　月　　日		

文书1　合理化建议采纳证书

合理化建议采纳证书

（　）××合建证字第　　号

_____同志：

您于_____年____月____日所提_____的合理化建议，按（　）××合建证字第　　号规定，经组织评审，予以采纳，暂评为____等____级，特发此证书，请为建议的早日实施，尽快转化为生产力作更大贡献。

厂（公司）合理化建议和技术改进办公室
年　　月　　日

文书2　合理化建议处理通知书

合理化建议处理通知书

（　）××合建证字第　　号

_____同志：

您于_____年____月____日所提_____的合理化建议，经组织评审，处理答复如下：

_____

_____

如对处理有异议，欢迎提出书面意见或来办公室面谈。

对您热心合理化建议、以厂为家的主人翁精神，表示感谢！

厂（公司）合理化建议和技术改进办公室
年　　月　　日

文书3　××公司合理化建议征集管理实施细则

1　总则

1.1　为鼓励职工积极参与合理化建议活动，规范合理化建议征集和管理，结合公司实际，制订本细则。

1.2 本细则所称的合理化建议，是指有关改进和完善公司及所属单位生产技术和经营管理方面的办法和措施，应具有可行性、先进性和效益性。

1.3 合理化建议以加强安全环保、提质增效、节能减排、提高劳动生产率和经济效益、加强企业管理等为重点。

1.4 公司工会、各分工会都应组织开展职工合理化建议征集活动。各协作单位按照业务归属参加所在工会组织的合理化建议征集活动。

2 征集与评审

2.1 公司工会、各分工会应坚持常年开展合理化建议征集活动。

2.2 职工可以随时提交合理化建议；公司工会、各分工会根据当期生产经营形势和目标任务，围绕某一重点、难点工作组织开展专题合理化建议征集活动。

2.3 职工提出合理化建议应当填写《合理化建议登记表》，必要时应附图纸、数据、资料等。

2.4 各分工会组织负责收集职工合理化建议，建立相应台账。

2.5 公司成立合理化建议征集评审领导小组。各分工会应吸收有关专业人员成立相应组织，负责合理化建议的推进、评审等工作。

2.6 对于采纳的建议，各分工会应指定专人实行跟踪管理。当年采纳实施的应将结果及时反馈给建议人；采纳后暂不具备条件实施的，应做好跟踪工作，待条件成熟后再实施，并及时通知建议人。

3 征集内容

3.1 合理化建议的内容。

3.1.1 在经营管理理论、管理技术上有突破与创新，对提高生产经营管理，提高经济效益有指导作用；

3.1.2 在管理组织、制度、机构等方面提出改革办法或改进方案，对提高工作效率和企业的应变能力或服务能力，理顺管理或业务流程有显著效果；

3.1.3 应用国内外现代化管理技术和手段，取得良好的效益或效果；

3.1.4 新材料、新技术、新配方、新工艺等科技成果的推广，引进技术的消化吸收和革新；

3.1.5 产品制造工艺和试验、检验方法的改进，制造设备、技术工具、仪器、装置的改进；

3.1.6 产品质量和工程质量的提高，产品结构的改进（不含新产品开发），成本的降低；

3.1.7 产品开发的建议；

3.1.8 有关盈利模式、市场营销、销售渠道建设、业务流程改进方面的建议；

3.1.9 有关节能减排、环境保护、绿色低碳方面的建议；

3.1.10 有关成本核算、开源节流方面的建议；

3.1.11 有关企业文化建设、员工凝聚力提升的建议；

3.1.12 其他任何有利于本公司的改进事项。

3.2 合理化建议不包含以下内容。

3.2.1 无实质内容的，为完成合理化建议的任务而无新意的建议；

3.2.2 只指出问题、弊端的现象或仅提出建议设想的名称而无解决问题的具体办法或大概思路；

3.2.3 公司正在实施，验收阶段的项目；

3.2.4 在正常工作渠道被指令执行的；

3.2.5 正在改善的，已被采用过或前已有的重复建议；

3.2.6 属于本职工作范围内的事项。

4 落实、反馈与奖励机制

4.1 建立职工合理化建议落实与反馈机制。

4.1.1 职工所提合理化建议，原则上由各分工会负责落实和反馈。涉及其他部门或公司层面的合理化建议，提交给公司工会，由公司工会责成相关部门落实和反馈。

4.1.2 对职工所提合理化建议，要做到事事有落实，件件有回音。

4.2 公司工会对职工合理化建议每年进行评比奖励。

4.2.1 优秀合理化建议评比采取自下而上、逐级推荐入围的方式。各分工会在自选评审的基础上，在每年 9 月 30 日之前择优向公司工会申报，各运行部（生产中心）分工会、煤矿分公司（含煤矿托管项目部）分工会、综合管理部（含煤化工项目部）分工会，可推荐不超过 10 条，其余各分工会可推荐不超过 3 条，参加公司优秀合理化建议评审。

4.2.2　职工提出的涉及后勤保障、生活设施等与公司生产经营活动无直接关系的建议，可以采纳并提请实施，但不在优秀合理化建议申报范围。

4.2.3　公司工会组织评审组对各单位申报成果进行评审，设一等奖≤5 名、二等奖≤8 名、三等奖≤10 名。凡进入公司评选的入围者均可获鼓励奖。

4.2.4　职工建议采纳实施后，在生产经营领域取得明显效果的，年底可申报合理化建议成果，经评审确认后进行奖励。

4.2.5　对成果的奖励，按建议人、实施人贡献大小进行分配。

4.2.6　同一条建议同期被多人提及的合并作为一条建议进行奖励；建议储备期间仍有相同建议提出的，实施后按贡献大小进行奖励。

5　附则

5.1　各分工会可根据本细则，结合实际情况，制定具体实施办法。

5.2　本细则由公司工会负责解释。

5.3　本细则自发布之日起施行。

6　附件：××公司职工合理化建议登记表（见下）

××公司职工合理化建议登记表

填报单位：　　　　　　　　　　　　　　　　　填报日期：

建议名称				
岗位及职务			建议人	
技术类		管理类	其他类	
建议事由（简明描述）：				

续表

改进意见或具体办法：	
预期效果（经济效益、社会效益或改进成效）：	
分工会评审组意见： 　　　　签字（公章）： 　　　年　　月　　日	公司评审组意见： 　　　　签字（公章）： 　　　年　　月　　日

说明：1.在建议类别后打"√"。

　　　2.表格写不下可另附页。

【附录】

中华全国总工会办公厅关于印发《中华全国总工会劳动和技能竞赛规划（2021—2025 年）》的通知

各省、自治区、直辖市总工会，各全国产业工会，中央和国家机关工会联合会，全总各部门、各直属单位：

《中华全国总工会劳动和技能竞赛规划（2021—2025 年）》已经中华全国总工会第十七届书记处第 43 次会议审议通过，现印发给你们，请结合实际认真贯彻落实。

中华全国总工会办公厅

2021 年 6 月 23 日

中华全国总工会劳动和技能竞赛规划（2021—2025 年）

为贯彻落实党的十九届五中全会精神、《中华人民共和国国民经济和社会发展第十四个五年规划和 2035 年远景目标纲要》部署要求，充分发挥工人阶级主力军作用，支持和激励广大职工在新时代更好建功立业，制定本规划。

一、"十四五"时期劳动和技能竞赛总体要求和主要目标

1.指导思想。坚持以习近平新时代中国特色社会主义思想为指导，深

入学习贯彻习近平总书记关于工人阶级和工会工作的重要论述，落实《新时期产业工人队伍建设改革方案》、中国工运事业和工会工作"十四五"发展规划要求，立足党和国家各项事业发展全局，立足党中央对改革发展稳定各项工作的决策部署，紧扣推动高质量发展广泛深入持久开展"建功'十四五'、奋进新征程"主题劳动和技能竞赛，大力弘扬劳模精神、劳动精神、工匠精神，进一步增强竞赛的针对性和实效性，动员广大职工为全面建设社会主义现代化国家建功立业。

2.基本原则。

——坚持推动高质量发展。立足新发展阶段，贯彻新发展理念，构建新发展格局，充分激发广大职工的积极性、主动性、创造性，促进供给侧结构性改革、重大战略实施和产业基础高级化、产业链现代化，在推动高质量发展中充分发挥工人阶级主力军作用。

——坚持以职工为中心。严格落实《中华人民共和国劳动法》、《新时期产业工人队伍建设改革方案》要求，坚持职工自愿参与，坚持面向基层、面向一线、面向普通劳动者，把竞赛活动打造成为职工成长成才的平台，切实增强职工的获得感、幸福感。

——坚持创新引领。瞄准技术变革和产业优化升级的方向，紧扣坚持创新核心地位引导职工参与科技创新，大幅提高创新成果转移转化成效，紧扣激发人才创新活力提升职工技能水平，建设知识型、技能型、创新型劳动大军。

——坚持广泛深入持久的基本要求。牢固树立系统观念，抓大促小、示范带动、整体推进，不断扩大覆盖面、提高参与度，落实到基层、深入到一线，长期坚持下去、形成长效机制。

3.主要目标。着眼提高竞赛工作质量、发挥竞赛积极作用，"十四五"时期努力实现以下主要目标。

——在推动高质量发展上实现新进步。全国引领性劳动和技能竞赛进一步规范，竞赛项目超过100项，带动多层级、多行业、多工种竞赛蓬勃开展；全国各级各类创新工作室达到15万家，有序扩大跨区域、跨行业、跨企业的劳模创新工作室联盟，推动"卡脖子"关键核心技术攻关，在服务国家和地区重大战略、重大工程、重大项目、重点产业建设发展上发挥积极作用。

——在促进创新发展上达到新水平。职工创新和成果转化机制进一步完善，"五小"活动广泛开展，合理化建议达到4000万件，技术革新240万项，发明创造85万项，总结推广先进操作法66万项，企业核心竞争力、全员劳动生产率、节能环保效益、安全生产和经营管理水平得到有效促进。

——在增强职工获得感上取得新成效。岗位练兵、技能比赛、技能大赛广泛开展，职工技能水平普遍提高，培训职工超过2000万人次，劳模本科班培养300人。竞赛激励力度不断加大，对职工待遇提高、晋级晋升、评选表彰等促进作用进一步发挥，受益面受益度不断扩大。

——在落实广泛深入持久的基本要求上迈出新步伐。全国开展竞赛活动的已建工会规模以上企业数、职工参与率稳中有升，中小微企业、"三新"组织、机关事业单位竞赛工作持续推进，参赛职工类型和竞赛领域不断拓展；竞赛制度机制进一步健全，形成一批职工叫好、企业欢迎、社会支持的竞赛新载体新模式。

二、深化全国引领性劳动和技能竞赛，推动高质量发展

围绕国家和地区重大战略、重大工程、重大项目、重点产业，紧扣推动高质量发展深化竞赛活动，不断提高竞赛实效。

4.在聚焦战略性和引领性上求深化。围绕制造强国、科教兴国、创新驱动发展等国家战略，以推动振兴实体经济、重大基础设施建设、打造数字经济、绿色低碳发展、首台（套）重大技术装备研发制造以及"卡脖子"技术难题等为重点，广泛开展多种形式的竞赛活动，做到高起点谋划、高标准推动、高质量落实。

5.在提高竞赛组织规范化水平上求深化。坚持项目化管理，严格项目遴选标准，精心制定竞赛方案，建立完善竞赛项目库，健全信息反馈、项

目督导、调查研究、评估考核、总结表彰等工作机制，强化闭环管理。加大组织力度，各级总工会突出引领性和协同性，发挥牵头协调作用，围绕国家、区域、地区经济社会发展目标开展不同层级的引领性竞赛；各全国产业工会突出优势特色，紧盯推进产业基础高级化、产业链现代化开展竞赛，打造左右协同、高低配套、整体推进的竞赛体系。

6.在拓展竞赛内容上求深化。开展重大工程建设竞赛，围绕建设目标任务，以质量为核心，以安全生产为保证，激发职工劳动热情和创造活力，提高全员劳动生产率，促进项目优质高效、安全环保竣工和使用。开展创新创效、产业转型升级竞赛，推动重大项目建设、关键核心技术攻关，助力打造一流产品，提供一流服务。开展职工职业技能竞赛，结合岗位实际和生产任务开展技术比武、网上练兵，引导广大职工学习新知识、钻研新技术、创造新工艺。着眼碳达峰、碳中和目标，开展生态环保、降耗增效等竞赛，推动重点行业和重要领域绿色化改造。

7.在以点带面、引领带动上求深化。借助重大工程项目人才聚集、科技密集、社会影响力大的平台优势，把思想引领贯穿始终，大力弘扬劳模精神、劳动精神、工匠精神，让劳动光荣、创造伟大成为时代强音；把创新引领贯穿始终，推动核心基础零部件、关键基础材料、先进基础工艺、产业技术基础突破，带动全产业链优化升级；把组织引领贯穿始终，探索可复制、可推广的竞赛新模式新手段，为全国竞赛工作出经验、当表率、作示范。

三、强化竞赛区域联动，促进区域协调发展

牢固树立系统观念，紧扣高质量和一体化两个关键，健全竞赛区域联动机制，推动区域发展向更高水平迈进。

8.紧贴区域发展目标。围绕继续推进京津冀协同发展、雄安新区建设、长江经济带发展、长三角一体化发展、粤港澳大湾区建设和"一带一路"建设等，总结竞赛经验，强化区域联动，锚定高质量、推动新发展。围绕推进西部大开发、东北全面振兴、中部地区崛起、东部率先发展、黄河流

域生态保护和高质量发展等，在重大工程建设、产业结构调整中开展立功竞赛、引领性竞赛，发挥竞赛积极作用。围绕支持革命老区、民族和边疆地区建设、推进兴边富民和乡村振兴，以促进特色产业和生态建设为牵引，围绕职工技能提升、重大基础设施建设、农业科技装备制造等开展区域性行业性竞赛，推动绿色创新发展。

9.建立健全联动机制。坚持资源共享、合作共赢，建立健全区域竞赛组织机制，强化组织领导。着眼常态化、一体化、实效化，签订战略合作协议，完善联席会议制度，构建区域融合、行业联合、条块结合的联动机制，做到同频共振、同抓共促。以产业发展、项目合作为纽带，发挥企业集中、产业聚集、行业相近等优势，引导市、县、乡镇、工业园区以及毗邻地区加强竞赛区域联动，开展多层次、宽领域合作，提升竞赛的聚合效应。

10.加大交流合作力度。加强人才培训交流合作，共享职工实训基地、技能学院等资源，举办区域性行业性职业技能大赛。加强技术创新交流合作，开展创新成果展示交流活动，创建劳模和工匠人才创新工作室联盟，组织劳模工匠开展技术帮扶，提升区域整体技术水平。加强竞赛组织交流合作，分享推广竞赛活动经验，着力研究解决矛盾问题，推动竞赛广泛深入持久开展。

四、提升企业竞赛工作水平，激发各类市场主体活力

围绕提升产业链供应链现代化水平，激发职工创新创造热情，提高全员劳动生产率，增强企业活力、创造力和竞争力。

11.巩固深化国有企业竞赛工作。以国企改革三年行动为契机，发挥产业工会作用，创新国企竞赛方式载体，推动竞赛工作上台阶。综合运用生产型、技能型、智能型竞赛等形式，突出抓好关系国家安全、国民经济命脉、国计民生和前瞻性战略性新兴产业等领域的竞赛工作，推动提高国企战略支撑能力。利用国有经济布局优化、结构调整和战略性重组、产业链合作等时机，发挥龙头国企优势，示范带动不同所有制企业竞赛工作交流

融合，形成更具特色、更具带动力的竞赛新模式。

12.大力提升非公企业竞赛工作水平。落实全国总工会《关于进一步提高非公企业劳动和技能竞赛工作水平的意见》，着眼非公企业经营管理特点，充分调动企业负责人及管理层的积极性，在分类推进、发挥作用上下功夫。探索在新产业新业态新组织、八大群体中开展竞赛的方式途径，围绕技术研发、运营管理开展"五小"等群众性创新活动，推动提升职工技能素质和企业经营管理水平。创新竞赛方式，扩大覆盖面，促进职工待遇提升、成长成才，做到企业、职工和竞赛工作的组织者、支持者受益。

13.内外结合激发企业发展活力。以创建"工人先锋号"为载体深化班组竞赛活动，加强劳模和工匠人才创新工作室建设，引入"揭榜挂帅"竞赛机制，深入开展质量管理小组和质量信得过班组建设活动，增强企业各类团队的辐射带动能力、创新攻关能力和人才培养能力，让企业"细胞"更活跃、更有效，推动企业更好发挥创新主体作用。围绕优化营商环境，广泛开展合理化建议、对标竞赛、优质服务立功竞赛等活动，提高相关企事业单位服务保障水平。

五、释放职工创造潜能，为高质量发展提供强大人力支撑

坚持立足一线岗位、组织一线职工、解决一线问题，把职工技术创新嵌入企业研发链条，融入社会主义市场经济条件下新型举国体制，在打好关键核心技术攻坚战、提高创新链整体效能中发挥广大职工的主力军作用。

14.扎实开展职工技能素质提升活动。把提高职工创新能力作为助力职工成长和企业发展的重要基础，广泛开展常态化、实战化的岗位练兵、技能培训、师徒帮教等活动，发挥工会院校、职工学校、技能实训基地作用，突出抓好农民工技能培训，深化高技能领军人才境外培训，推动职工技能国际交流，用好"技能强国——全国产业工人技能学习平台"。坚持以赛促训，叫响做实全国职工职业技能大赛品牌，以国家级一类、二类技能竞赛为牵引，带动多层级、多行业、多工种职工技术比武活动，激发职

工学习热情，造就高素质技术技能人才、能工巧匠、大国工匠。

15.大力开展群众性创新活动。倡导敬业、精益、专注、宽容失败的创新文化，聚焦生产技术难题和经营薄弱环节，大力开展技术革新、持续改善等活动，推动生产组织创新、技术创新、市场创新。突出"五小"在群众性创新活动中的战略地位，把合理化建议作为基础环节，形成基础广泛、人才集聚、成果丰硕的活动体系。加大支持力度，定期举办大国工匠创新交流大会和全国职工优秀技术创新成果交流活动，用好职工创新补助资金，完善中国职工经济技术信息化服务平台，建立区域性、行业性职工技术创新联盟，推动解决跨行业跨领域关键共性技术问题。

16.大幅提高创新成果转化应用成效。加强顶层设计和机制建设，畅通职工创新成果转化应用渠道，做好全国创新争先奖、中国专利奖等推荐工作，促进创新链和产业链精准对接。以竞赛为平台，以项目合作为牵引，助力资金、技术等要素协同集聚，推动职工创新成果产业化规模化应用。利用好技术市场，加强职工知识产权保护，开展技术转让和技术服务，形成"成果–转化–效益–成果"的创新生态链。

六、抓实"安康杯"竞赛，维护职工安全健康权益

着眼抓基层、打基础、求实效，发挥竞赛在推动企业落实安全生产主体责任、实现安全发展、控制职业危害上的重要作用。

17.提高职工安全健康意识和技能。配合政府或企业开展"安全生产月"、《职业病防治法》宣传周、争做"职业健康达人"等活动，协助企业落实新入职员工、车间班组、企业"三级"安全教育培训，提高职工事故防范、应急处置和自我保护能力。

18.切实维护职工生命健康权益。以一线职工、农民工、重体力劳动职工等群体为重点，把维护职工生命健康安全作为"安康杯"竞赛的出发点落脚点。探索在特殊条件、特殊环境下竞赛方式载体，推动加强高温、低温、有毒有害等特殊工作环境劳动者的职业健康保护。组织动员职工立足岗位开展隐患排查，建立安全生产奖励举报制度。

19.推动竞赛不断往深里走。探索"互联网+"模式，规范竞赛活动评选、表彰和管理，提高竞赛的规范化水平。开展安全型班组竞赛，推动班组安全管理标准化、规范化、制度化建设。把开展"安康杯"竞赛与工会组建、创建劳动关系和谐企业活动等有机结合起来，做到相互促进、相得益彰。

七、加强规划实施保障，增强竞赛发展动力

深刻把握广泛深入持久开展竞赛的基本要求，切实提高政治站位、增强工作责任感，形成推动竞赛深入发展的强大合力。

20.强化组织领导。建立健全竞赛组织领导机构，积极争取各级党委和政府、产业链"链长"、企业负责人的重视支持，加强与行业协会、工商联、商会等的沟通协调，发挥产业工会、街道楼宇工会的优势作用，强化党政支持、工会牵头、上下联动、共同推进的"一盘棋"格局。不断完善竞赛组织机制、绩效评估机制、激励机制等，探索建立重大经济波动等条件下的竞赛工作预案，推动竞赛活动常态化、长效化。

21.加强激励保障。充分发挥竞赛对促进职工成长成才的积极作用，联合政府有关部门加大激励力度，推动竞赛同劳模评选、职称评定、技术等级认定、工资收入、人员聘用选拔等相融合，在培养"高精尖缺"人才上求突破，在提高职工待遇上求突破，在拓展职业发展通道上求突破。拓宽资金保障渠道，健全奖补结合的资金支持机制，发挥工会经费的引导、撬动效应，督促企业足额提取职工教育经费，且60%以上用于一线职工培训。

22.营造浓厚氛围。把习近平总书记关于劳动创造幸福的理念贯穿竞赛宣传和组织的全过程，讲好劳模故事、讲好劳动故事、讲好工匠故事，既在企业内部兴起比学赶帮超的劳动热潮，又在全社会产生强大的带动力和影响力。积极构建和倡导以劳模精神、劳动精神、工匠精神为核心，以创新创造、发挥作用为价值理念，以多劳者多得、技高者多得为共同意识，以爱岗敬业、公平公正为基本内涵的竞赛文化，激发职工干一行、爱一

行、专一行、奉献一行的正能量和自豪感，增强企业凝聚力竞争力。

各省（区、市）总工会、各全国产业工会要依据本规划，结合实际细化实施方案，加大督促检查、总结评估、协调推进力度，确保规划目标和任务得到落实。

企业劳动和技能竞赛绩效评估指标体系（试行）

（中华全国总工会劳动和经济工作部　2022 年 10 月 20 日）

群众性劳动和技能竞赛活动是提高职工素质、推动企业进步、促进经济发展的重要途径，是工会围绕中心、服务大局的重要载体。建立健全企业劳动和技能竞赛绩效评估指标体系，是检验竞赛成效、推动竞赛发展的重要基础。为进一步提高企业开展竞赛绩效评估工作的科学化、规范化、制度化水平，推动竞赛活动广泛深入持久开展，制订本指标体系。

一、指导思想

坚持以习近平新时代中国特色社会主义思想为指导，深入贯彻落实党的十九大和十九届二中、三中、四中全会精神，按照《中华全国总工会关于深入开展"当好主人翁、建功新时代"主题劳动和技能竞赛的意见》和中华全国总工会办公厅《关于加强劳动竞赛机制建设的意见》等有关要求，以提升劳动和技能竞赛工作水平为目标，以安全与健康、创新与效率、技能与发展、地位与待遇、文化与影响等五个方面为重点，充分发挥绩效评估工作的"指挥棒"和检测器作用，促进竞赛组织、激励、保障等机制不断完善，推动劳动和技能竞赛广泛深入持久开展。

二、基本原则

一是围绕中心、服务大局。紧紧围绕企业发展战略、职工利益诉求和经济社会发展目标，在兼顾评估指标体系核心指标完整性的基础上，科学设置评估项目、内容、顺序和分数权重，切实增强评估工作的引领性、准确性和科学性。

二是因企制宜、客观公正。坚持评估指标的通用性、灵活性和实效性相结合，针对不同企业、不同阶段、不同竞赛主题、不同工作重点，对劳动和技能竞赛活动进行科学务实、客观公正的评估，准确体现劳动和技能竞赛在提升职工素质、推动企业进步和促进经济发展方面的具体成效。

三是结果导向、正面激励。评估不是考核，不能把评估结果作为惩罚职工或组织者的依据。按照"促进企业发展、维护职工权益"的企业工会工作原则，注重通过评估总结经验、宣扬典型、加强激励、改进工作，推动实现企业、职工、组织者"三赢"。

四是面向基层、面向一线。坚持实事求是和群众路线，既严格落实评估指标体系的程序和内容，又紧密结合企业发展实际，广泛听取职工群众的意见，做到企业需要、职工满意、社会认可。

三、指标体系

详见附件。

四、使用说明

该指标体系是按照广泛深入持久开展劳动和技能竞赛的要求，根据企业开展竞赛活动的"规定动作"，对关键性指标项目、权重等进行科学分类，从组织推动、竞赛行为、竞赛结果等多个维度考量劳动和技能竞赛开展情况与成效，具有较强的通用性、灵活性和操作性。使用中应注意以下几方面：

（一）指标的调整和设计。要把评估指标体系的通用性和灵活性结合起来，充分考虑不同企业、不同发展阶段和不同竞赛主题等差异化要求，紧密结合企业发展、职工成长、组织者达成目标的实际，在对竞赛"规定动作"充分评估的基础上，对指标体系的项目、要素、评测点、顺序和权重等进行适当取舍、补充、调整和细化，做到"一企一表""一赛一表"，切实提高竞赛效果与企业发展战略目标的达成度、与职工成长的吻合度、与社会发展需求的适应度。

（二）数据的来源和量化。竞赛绩效评估是以事实为依据的评价过程，关键在于用事实和数据说话。数据不仅指体现竞赛活动成效的具体数字，还包括事实和实证信息，可以是证书、材料、实务，也可以是"举例说明"。评估结果要以数字化的形式整体呈现，评价标准要尽量进行数字化处理或量化。对于竞赛文化这样的定性指标，可先划分若干个评分等级，对各个等级根据实际赋予恰当的分值，实现定性指标的定量化。

（三）评估的对象和方式。评估对象为一定规模的劳动和技能竞赛活动，可以是企业或二级单位独立组织的竞赛活动，也可以是某项竞赛全年或一个阶段的情况。评估可以采用自评、上级单位（公司）评估、第三方评估等方式进行。

（四）评估的组织和管理。评估工作原则依托企业劳动和技能竞赛委员会，由企业工会牵头组织，会同企业党政、财务、人事、技术和后勤等部门组成评估工作小组或办公室，具体负责组织、指导、监督评估工作。评估采取现场调研、会议交流、个别访谈、小组座谈、问卷调查、查看资料、社会调研等多种方式收集情况和采集数据。有条件的可以建立竞赛绩效评估专家库，邀请相关专家给予指导，提高评估工作的科学性和权威性。

（五）评估的结果和使用。评估结束后形成情况翔实、全面准确的评估报告，总结经验成果、发现先进典型、分析存在问题、提出改进意见，并及时报企业管理层。对成功经验和先进典型要大力宣传推广，不断深化企业、职工和社会对竞赛活动的认识。对绩优者要表彰奖励，提高参与者、组织者的获得感。对存在的不足要认真研究解决办法，加强与有关部门的沟通协调，推动劳动和技能竞赛广泛深入持久开展。

附件：《企业劳动和技能竞赛绩效评估指标体系一览表》

企业劳动和技能竞赛绩效评估指标体系一览表

评估项目	评估要素	可选取的评测点	数据来源	备注
创新与效率（20%）	创新行为（40%）	1.从创新领域上，开展职工技术创新、服务创新、管理创新竞赛覆盖率，在创新成果总数中的占比； 2.从创新类型上，开展合理化建议、技术革新、技术攻关、发明创造等职工参与率； 3."五小"活动的职工参与率； 4.每百万元营业收入（或每千万元营业收入）的职工创新项目数量、结项占比； 5.各级劳模和工匠人才创新工作室等创新团队的数量、项目及立项的比率； 6.获得各级职工创新补助资金情况。	问卷+材料	第4评测点主要通过创新项目数量在企业营收中的占比来衡量职工创新行为的活跃度；第6评测点主要从提供创新资金支持单位的级别、数量、数额反映对竞赛的支持程度，包括企业行政的资金投入。
	成果及运用（30%）	1.合理化建议数量及实施率； 2.职工开展技术革新、技术攻关、发明创造的数量和实施率； 3.职工获得发明专利数量和实施率； 4.先进操作法数量、推广率； 5.职工创新成果在企业、行业、省部级（含）以上获奖情况； 6."五小"成果数量及实施率。	问卷+材料	第5评测点包含获奖数量、获奖率及授予单位的级别等。
	创新效能（30%）	1.合理化建议、技术革新、技术攻关、先进操作法、"五小"活动成果等产生的直接和间接经济效益或其他收益； 2.通过竞赛，职工劳动成果增加量（价值增值率、成品提高率、质量提升率、效率提升率等）； 3.通过竞赛，职工劳动等生产投入节约量（人员、时间、材料、资金等）； 4.通过竞赛，企业节能降耗、节能减排产生的效益。	问卷+材料+统计	第1评测点"其他收益"属于不能直接用经济指标衡量的收益；第4评测点是与赛前相比的降耗值、减排值等。

续表

评估项目	评估要素	可选取的评测点	数据来源	备注
技能与发展（20%）	技能培养（40%）	1.开展岗位练兵、技术交流、技术培训等活动的职工参与率； 2.开展各种形式的技能竞赛和技术比武的参与率；技术、管理、服务领域的覆盖率； 3.师带徒、企业新型学徒制实施比例； 4.通过劳模和工匠人才创新工作室、职工创新工作室等进行传帮带的数量及比率； 5.职工教育经费提取并用于一线职工培训的比例，企业行政对职工培训的投入情况； 6.职工技能展示、交流情况及收效； 7.组织农民工、劳务工参加培训的比例。	问卷+材料+调研+访谈	第6评测点包括技能展示模式、途径、类别以及影响等。
	发挥班组作用（30%）	1.开展经常性的学习实践活动班组的比例； 2."五型"班组创建比例； 3.QC小组、质量信得过班组等基层质量奖评选的参与率、获奖率； 4.获得各级工人先锋号、先进班组、红旗班组等称号的数量和比例。	问卷+材料	
	职业发展（30%）	1.职工通过岗位练兵等提高学历层次、考取职业技术资格的数量及比例； 2.职工通过竞赛晋升技术等级和职称（初级工、高级工、技师、高级技师、首席技师）的数量及比例； 3.通过竞赛获得首席员工、金牌工人、技术能手、技能大师、工匠等技术名号的数量及比例。	问卷+材料+访谈	第1评测点考察岗位练兵对职工学技术、学专业的影响度。

评估项目	评估要素	可选取的评测点	数据来源	备注
地位与待遇（20%）	政治待遇（30%）	1.保障职工相关政治权利的制度建设情况； 2.竞赛先进职工进入企业管理层、当选职代会代表、工会等群团组织兼职领导、党委联系专家以及人大代表、政协委员的数量和比例； 3.参与研修考察的职工数量和比例。	问卷+材料+访谈	统计对象是通过竞赛产生的技术能手、优胜选手和做出突出贡献的职工。评估还应包括职工对通过竞赛获得待遇的满意度。
	精神荣誉（30%）	1.参与竞赛的职工荣誉制度制定情况； 2.依据竞赛选拔并当选劳模、获得五一劳动奖章、工匠等称号的比例； 3.竞赛活动后精神表彰类别及形式； 4.职工对竞赛优胜者及技术能手的认可度。	材料+调查+问卷	第4评测点重在考察荣誉的真实性、客观性和影响力。
	经济待遇（40%）	1.职工薪酬增长、福利提高等制度情况； 2.劳动竞赛奖励经费按规定提取并用于竞赛奖励以及奖金数额、增长率、覆盖率； 3.福利类别及覆盖率； 4.由劳动竞赛带来的薪酬提升、年薪制、员工持股、技术入股等奖励的员工比例。	问卷+材料+访谈	第3评测点含工匠津贴、疗养项目、住房、子女就学等多样化待遇措施。

续表

评估项目	评估要素	可选取的评测点	数据来源	备注
安全与健康（20%）	安康意识（30%）	1.职工参与完善企业安康制度，提出意见建议数量和比例； 2.职工对作业场所和工作岗位存在危险因素、防范措施及事故应急措施的掌握程度； 3."安康杯"竞赛活动的参与率。	访谈+问卷	突出预防为主、关口前移的原则，着重评估职工对安全健康工作的认识和防范技能的掌握程度。
	安康行为（20%）	1.职工执行安全生产和职业病防治制度规定情况； 2.安全生产和职业病防治教育职工参与率和合格率； 3.开展安全生产和职业病防治工作的班组数量及比例。	问卷+材料	
	职工监督（20%）	1.职工参与安全生产、职业健康工作监督检查、隐患排查的制度安排和执行情况； 2.职工提出事故隐患和职业危害问题的数量和整改率； 3.职工通过平等协商和集体合同制度、职代会制度等参与劳动安全卫生管理、监督的情况。	问卷+材料+访谈+调研	主要是职工对企业落实国家安全生产和职业病防治法律法规情况的监督以及职工参与安全生产、职业健康工作监督检查、隐患排查的情况。
	安康成效（30%）	1.生产安全事故起数、等级； 2.职业病发病人数、占比。	材料+调研	

评估项目	评估要素	可选取的评测点	数据来源	备注
文化与影响（20%）	竞赛文化（40%）	1.多途径宣传鼓动形成的良好氛围； 2.竞赛组织及效果； 3.劳模精神、劳动精神、工匠精神的培养宣传情况； 4.竞赛文化机制建设情况。	材料+问卷+调研	竞赛文化的核心可以作如下参考：以劳动精神、劳模精神、工匠精神为核心；以比学帮超、创新创造为价值理念；以唯有奋斗、方有所得为共同意识；以爱岗敬业、公平公正为基本内涵。
	态度认知（30%）	1.企业党政对竞赛工作的研究部署、竞赛组织机构建立情况； 2.职工反响及对竞赛活动的满意度； 3.职工对竞赛的认识及参与主动性；	问卷+调查	
	社会影响（30%）	1.媒体对竞赛活动的宣传报道情况； 2.社会对劳动竞赛的认识支持情况，如政府、协会等方面的支持以及相关领导出席竞赛活动、批示等情况； 3.社会对工匠、技师等一线优秀技术工人身份、价值的认可度。	材料+调查	

关于加强新时代高技能人才队伍建设的意见

（中办国办印发　2022 年 10 月 7 日）

技能人才是支撑中国制造、中国创造的重要力量。加强高级工以上的高技能人才队伍建设，对巩固和发展工人阶级先进性，增强国家核心竞争力和科技创新能力，缓解就业结构性矛盾，推动高质量发展具有重要意义。为贯彻落实党中央、国务院决策部署，加强新时代高技能人才队伍建设，现提出如下意见。

一、总体要求

（一）指导思想。以习近平新时代中国特色社会主义思想为指导，深入贯彻党的十九大和十九届历次全会精神，全面贯彻习近平总书记关于做好新时代人才工作的重要思想，坚持党管人才，立足新发展阶段，贯彻新发展理念，构建新发展格局，推动高质量发展，深入实施新时代人才强国战略，以服务发展、稳定就业为导向，大力弘扬劳模精神、劳动精神、工匠精神，全面实施"技能中国行动"，健全技能人才培养、使用、评价、激励制度，构建党委领导、政府主导、政策支持、企业主体、社会参与的高技能人才工作体系，打造一支爱党报国、敬业奉献、技艺精湛、素质优良、规模宏大、结构合理的高技能人才队伍。

（二）目标任务。到"十四五"时期末，高技能人才制度政策更加健全、培养体系更加完善、岗位使用更加合理、评价机制更加科学、激励保障更加有力，尊重技能尊重劳动的社会氛围更加浓厚，技能人才规模不断壮大、素质稳步提升、结构持续优化、收入稳定增加，技能人才占就业人员的比例达到30%以上，高技能人才占技能人才的比例达到1/3，东部省份高技能人才占技能人才的比例达到35%。力争到2035年，技能人才规模持续壮大、素质大幅提高，高技能人才数量、结构与基本实现社会主义现代化的要求相适应。

二、加大高技能人才培养力度

（三）健全高技能人才培养体系。构建以行业企业为主体、职业学校（含技工院校，下同）为基础、政府推动与社会支持相结合的高技能人才培养体系。行业主管部门和行业组织要结合本行业生产、技术发展趋势，做好高技能人才供需预测和培养规划。鼓励各类企业结合实际把高技能人才培养纳入企业发展总体规划和年度计划，依托企业培训中心、产教融合实训基地、高技能人才培训基地、公共实训基地、技能大师工作室、劳模和工匠人才创新工作室、网络学习平台等，大力培养高技能人才。国有企业要结合实际将高技能人才培养规划的制定和实施情况纳入考核评价体系。鼓励各类企业事业组织、社会团体及其他社会组织以独资、合资、合作等方式依法参与举办职业教育培训机构，积极参与承接政府购买服务。对纳入产教融合型企业建设培育范围的企业兴办职业教育符合条件的投资，可依据有关规定按投资额的30%抵免当年应缴教育费附加和地方教育附加。

（四）创新高技能人才培养模式。探索中国特色学徒制。深化产教融合、校企合作，开展订单式培养、套餐制培训，创新校企双制、校中厂、厂中校等方式。对联合培养高技能人才成效显著的企业，各级政府按规定予以表扬和相应政策支持。完善项目制培养模式，针对不同类别不同群体高技能人才实施差异化培养项目。鼓励通过名师带徒、技能研修、岗位练兵、技能竞赛、技术交流等形式，开放式培训高技能人才。建立技能人才继续教育制度，推广求学圆梦行动，定期组织开展研修交流活动，促进技能人才知识更新与技术创新、工艺改造、产业优化升级要求相适应。

（五）加大急需紧缺高技能人才培养力度。围绕国家重大战略、重大工程、重大项目、重点产业对高技能人才的需求，实施高技能领军人才培育计划。支持制造业企业围绕转型升级和产业基础再造工程项目，实施制造业技能根基工程。围绕建设网络强国、数字中国，实施提升全民数字素养与技能行动，建立一批数字技能人才培养试验区，打造一批数字素养与技能提升培训基地，举办全民数字素养与技能提升活动，实施数字教育培训资源开放共享行动。围绕乡村振兴战略，实施乡村工匠培育计划，挖掘、保护和传承民间传统技艺，打造一批"工匠园区"。

（六）发挥职业学校培养高技能人才的基础性作用。优化职业教育类型、院校布局和专业设置。采取中等职业学校和普通高中同批次并行招生等措施，稳定中等职业学校招生规模。在技工院校中普遍推行工学一体化技能人才培养模式。允许职业学校开展有偿性社会培训、技术服务或创办企业，所取得的收入可按一定比例作为办学经费自主安排使用；公办职业学校所取得的收入可按一定比例作为绩效工资来源，用于支付本校教师和其他培训教师的劳动报酬。合理保障职业学校师资受公派临时出国（境）参加培训访学、进修学习、技能交流等学术交流活动相关费用。切实保障职业学校学生在升学、就业、职业发展等方面与同层次普通学校学生享有平等机会。实施现代职业教育质量提升计划，支持职业学校改善办学条件。

（七）优化高技能人才培养资源和服务供给。实施国家乡村振兴重点帮扶地区职业技能提升工程，加大东西部协作和对口帮扶力度。健全公共职业技能培训体系，实施职业技能培训共建共享行动，开展县域职业技能培训共建共享试点。加快探索"互联网+职业技能培训"，构建线上线下相结合的培训模式。依托"金保工程"，加快推进职业技能培训实名制管理工作，建立以社会保障卡为载体的劳动者终身职业技能培训电子档案。

三、完善技能导向的使用制度

（八）健全高技能人才岗位使用机制。企业可设立技能津贴、班组长津贴、带徒津贴等，支持鼓励高技能人才在岗位上发挥技能、管理班组、带徒传技。鼓励企业根据需要，建立高技能领军人才"揭榜领题"以及参与重大生产决策、重大技术革新和技术攻关项目的制度。实行"技师+工程师"等团队合作模式，在科研和技术攻关中发挥高技能人才创新能力。鼓励支持高技能人才兼任职业学校实习实训指导教师。注重青年高技能人才选用。高技能人才配置状况应作为生产经营性企业及其他实体参加重大工程项目招投标、评优和资质评估的重要因素。

（九）完善技能要素参与分配制度。引导企业建立健全基于岗位价值、能力素质和业绩贡献的技能人才薪酬分配制度，实现多劳者多得、技高者多得，促进人力资源优化配置。国有企业在工资分配上要发挥向技能人才倾斜的示范作用。完善企业薪酬调查和信息发布制度，鼓励有条件的地区发布分职业（工种、岗位）、分技能等级的工资价位信息，为企业与技能人才协商确定工资水平提供信息参考。用人单位在聘的高技能人才在学习进修、岗位聘任、职务晋升、工资福利等方面，分别比照相应层级专业技术人员享受同等待遇。完善科技成果转化收益分享机制，对在技术革新或技术攻关中作出突出贡献的高技能人才给予奖励。高技能人才可实行年薪制、协议工资制，企业可对作出突出贡献的优秀高技能人才实行特岗特酬，鼓励符合条件的企业积极运用中长期激励工具，加大对高技能人才的激励力度。畅通为高技能人才建立企业年金的机制，鼓励和引导企业为包括高技能人才在内的职工建立企业年金。完善高技能特殊人才特殊待遇政策。

（十）完善技能人才稳才留才引才机制。鼓励和引导企业关心关爱技能人才，依法保障技能人才合法权益，合理确定劳动报酬。健全人才服务体系，促进技能人才合理流动，提高技能人才配置效率。建立健全技能人才柔性流动机制，鼓励技能人才通过兼职、服务、技术攻关、项目合作等方式更好发挥作用。畅通高技能人才向专业技术岗位或管理岗位流动渠道。引导企业规范开展共享用工。支持各地结合产业发展需求实际，将急需紧缺技能人才纳入人才引进目录，引导技能人才向欠发达地区、基层一线流动。支持各地将高技能人才纳入城市直接落户范围，高技能人才的配偶、子女按有关规定享受公共就业、教育、住房等保障服务。

四、建立技能人才职业技能等级制度和多元化评价机制

（十一）拓宽技能人才职业发展通道。建立健全技能人才职业技能等级制度。对设有高级技师的职业（工种），可在其上增设特级技师和首席技师技术职务（岗位），在初级工之下补设学徒工，形成由学徒工、初级工、中级工、高级工、技师、高级技师、特级技师、首席技师构成的"八级工"职业技能等级（岗位）序列。鼓励符合条件的专业技术人员按有关规定申请参加相应职业（工种）的职业技能评价。支持各地面向符合条件的技能人才招聘事业单位工作人员，重视从技能人才中培养选拔党政干部。建立职业资格、职业技能等级与相应职称、学历的双向比照认定制度，推进学历教育学习成果、非学历教育学习成果、职业技能等级学分转换互认，建立国家资历框架。

（十二）健全职业标准体系和评价制度。健全符合我国国情的现代职业分类体系，完善新职业信息发布制度。完善由国家职业标准、行业企业评价规范、专项职业能力考核规范等构成的多层次、相互衔接的职业标准体系。探索开展技能人员职业标准国际互通、证书国际互认工作，各地可

建立境外技能人员职业资格认可清单制度。健全以职业资格评价、职业技能等级认定和专项职业能力考核等为主要内容的技能人才评价机制。完善以职业能力为导向、以工作业绩为重点，注重工匠精神培育和职业道德养成的技能人才评价体系，推动职业技能评价与终身职业技能培训制度相适应，与使用、待遇相衔接。深化职业资格制度改革，完善职业资格目录，实行动态调整。围绕新业态、新技术和劳务品牌、地方特色产业、非物质文化遗产传承项目等，加大专项职业能力考核项目开发力度。

（十三）推行职业技能等级认定。支持符合条件的企业自主确定技能人才评价职业（工种）范围，自主设置岗位等级，自主开发制定岗位规范，自主运用评价方式开展技能人才职业技能等级评价；企业对新招录或未定级职工，可根据其日常表现、工作业绩，结合职业标准和企业岗位规范要求，直接认定相应的职业技能等级。打破学历、资历、年龄、比例等限制，对技能高超、业绩突出的一线职工，可直接认定高级工以上职业技能等级。对解决重大工艺技术难题和重大质量问题、技术创新成果获得省部级以上奖项、"师带徒"业绩突出的高技能人才，可破格晋升职业技能等级。推进"学历证书+若干职业技能证书"制度实施。强化技能人才评价规范管理，加大对社会培训评价组织的征集遴选力度，优化遴选条件，构建政府监管、机构自律、社会监督的质量监督体系，保障评价认定结果的科学性、公平性和权威性。

（十四）完善职业技能竞赛体系。广泛深入开展职业技能竞赛，完善以世界技能大赛为引领、全国职业技能大赛为龙头、全国行业和地方各级职业技能竞赛以及专项赛为主体、企业和院校职业技能比赛为基础的中国特色职业技能竞赛体系。依托现有资源，加强世界技能大赛综合训练中心、研究（研修）中心、集训基地等平台建设，推动世界技能大赛成果转化。定期举办全国职业技能大赛，推动省、市、县开展综合性竞赛活动。鼓励行业开展特色竞赛活动，举办乡村振兴职业技能大赛。举办世界职业院校技能大赛、全国职业院校技能大赛等职业学校技能竞赛。健全竞赛管理制度，推行"赛展演会"结合的办赛模式，建立政府、企业和社会多方参与的竞赛投入保障机制，加强竞赛专兼职队伍建设，提高竞赛科学化、规范化、专业化水平。完善并落实竞赛获奖选手表彰奖励、升学、职业技能等级晋升等政策。鼓励企业对竞赛获奖选手建立与岗位使用及薪酬待遇挂钩的长效激励机制。

五、建立高技能人才表彰激励机制

（十五）加大高技能人才表彰奖励力度。建立以国家表彰为引领、行业企业奖励为主体、社会奖励为补充的高技能人才表彰奖励体系。完善评选表彰中华技能大奖获得者和全国技术能手制度。国家级荣誉适当向高技能人才倾斜。加大高技能人才在全国劳动模范和先进工作者、国家科学技术奖等相关表彰中的评选力度，积极推荐高技能人才享受政府特殊津贴，对符合条件的高技能人才按规定授予五一劳动奖章、青年五四奖章、青年岗位能手、三八红旗手、巾帼建功标兵等荣誉，提高全社会对技能人才的认可认同。

（十六）健全高技能人才激励机制。加强对技能人才的政治引领和政治吸纳，注重做好党委（党组）联系服务高技能人才工作。将高技能人才纳入各地人才分类目录。注重依法依章程推荐高技能人才为人民代表大会代表候选人、政治协商会议委员人选、群团组织代表大会代表或委员会委员候选人。进一步提高高技能人才在职工代表大会中的比例，支持高技能人才参与企业管理。按照有关规定，选拔推荐优秀高技能人才到工会、共青团、妇联等群团组织挂职或兼职。建立高技能人才休假疗养制度，鼓励支持分级开展高技能人才休假疗养、研修交流和节日慰问等活动。

六、保障措施

（十七）强化组织领导。坚持党对高技能人才队伍建设的全面领导，确保正确政治方向。各级党委和政府要将高技能人才工作纳入本地区经济社会发展、人才队伍建设总体部署和考核范围。在本级人才工作领导小组统筹协调下，建立组织部门牵头抓总、人力资源社会保障部门组织实施、有关部门各司其职、行业企业和社会各方广泛参与的高技能人才工作机制。各地区各部门要大力宣传技能人才在经济社会发展中的作用和贡献，进一步营造重视、关心、尊重高技能人才的社会氛围，形成劳动光荣、技能宝贵、创造伟大的时代风尚。

（十八）加强政策支持。各级政府要统筹利用现有资金渠道，按规定支持高技能人才工作。企业要按规定足额提取和使用职工教育经费，60%以上用于一线职工教育和培训。落实企业职工教育经费税前扣除政策，有条件的地方可探索建立省级统一的企业职工教育经费使用管理制度。各地要按规定发挥好有关教育经费等各类资金作用，支持职业教育发展。

（十九）加强技能人才基础工作。充分利用大数据、云计算等新一代信息技术，加强技能人才工作信息化建设。建立健全高技能人才库。加强高技能人才理论研究和成果转化。大力推进符合高技能人才培养需求的精品课程、教材和师资建设，开发高技能人才培养标准和一体化课程。加强国际交流合作，推动实施技能领域"走出去""引进来"合作项目，支持青年学生、毕业生参与青年国际实习交流计划，推进与各国在技能领域的交流互鉴。

中华全国总工会关于印发《全国五一劳动奖状 全国五一劳动奖章 全国工人先锋号评选管理工作办法》的通知

各省、自治区、直辖市总工会，各全国产业工会，中央和国家机关工会联合会，全总各部门、各直属单位：

《全国五一劳动奖状 全国五一劳动奖章 全国工人先锋号评选管理工作办法》已经第十八届全总党组第 11 次会议审议通过，现印发给你们，请遵照执行。

中华全国总工会

2023 年 12 月 28 日

全国五一劳动奖状　全国五一劳动奖章　全国工人先锋号评选管理工作办法

第一章　总　则

第一条　为规范全国五一劳动奖状、全国五一劳动奖章、全国工人先锋号评选管理工作，发挥表彰奖励工作的激励作用，根据《中华人民共和国工会法》、《中华人民共和国劳动法》、《国家功勋荣誉表彰条例》、《评比达标表彰活动管理办法》和《中国工会章程》等，制定本办法。

第二条　全国五一劳动奖状、全国五一劳动奖章、全国工人先锋号是中华全国总工会设立的授予先进集体、先进职工的荣誉。

第三条　全国五一劳动奖状、全国五一劳动奖章、全国工人先锋号的评选管理工作，以习近平新时代中国特色社会主义思想为指导，围绕中心、服务大局，大力弘扬劳模精神、劳动精神、工匠精神，充分发挥先进集体和模范人物的榜样示范导向作用，激励广大职工发扬工人阶级伟大品格，坚定不移地走中国特色社会主义道路，爱岗敬业、争创一流，艰苦奋斗、勇于创新，淡泊名利、甘于奉献，为全面建设社会主义现代化国家、全面推进中华民族伟大复兴贡献智慧和力量。

第二章　荣誉的授予

第四条　全国五一劳动奖状授予在我国境内依法注册或登记的企业、事业、机关、社会组织及其他组织以及驻外机构，全国五一劳动奖章授予中国籍员工，全国工人先锋号授予上述企业、事业、机关、社会组织及其他组织以及驻外机构所属的部门或单位。针对同一事项已经获得省部级及以上荣誉的，原则上不重复授予上述荣誉。

第五条　获得全国五一劳动奖状和全国工人先锋号的基本条件是：坚

决拥护中国共产党的领导和社会主义制度，深入贯彻习近平新时代中国特色社会主义思想，认真执行党的路线方针政策，严格遵守国家法律法规，组织健全，领导班子团结有力；节能减排，注重保护生态环境；科技进步，不断提高自主创新能力；安全生产，监督管理机制健全；尊重劳动，保障职工合法权益，劳动关系和谐稳定；诚实守信，自觉履行社会责任，经济、社会效益居本地区或本行业领先水平；一般具有省级五一劳动奖状、省级工人先锋号或以上表彰的荣誉基础。

第六条 获得全国五一劳动奖章的基本条件是：坚决拥护中国共产党的领导和社会主义制度，深入贯彻习近平新时代中国特色社会主义思想，认真执行党的路线方针政策，严格遵守国家法律法规，信念坚定、立场鲜明，胸怀大局、纪律严明，道德高尚、作风务实，学习努力、爱岗敬业，艰苦奋斗、勇于创新，服务人民、奉献社会，在本职岗位上取得突出业绩，为经济建设、政治建设、文化建设、社会建设、生态文明建设和党的建设作出突出贡献，一般具有省级五一劳动奖章或以上表彰的荣誉基础。

第七条 评选全国五一劳动奖状、全国五一劳动奖章、全国工人先锋号要体现政治性、先进性、群众性，面向基层、面向一线、面向普通劳动者，坚持公开、公平、公正的原则，严格推荐评选审批程序，接受群众监督、社会监督和舆论监督。

（一）全国五一劳动奖状、全国五一劳动奖章、全国工人先锋号获得者应自下而上产生，须经所在单位民主推荐、职工代表大会或居民（代表）会议讨论通过，上级工会审核同意，中华全国总工会评审表彰工作领导小组审查、书记处审批等程序，并在一定范围内公示。

（二）全国五一劳动奖章推荐对象需征求公安部门意见。申报全国五一劳动奖状的企业和申报全国五一劳动奖章的企业负责人所在的企业需依法建立工会组织，且需按照管理权限经当地县（市）以上发展改革、人力资源社会保障、生态环境、卫生健康、应急管理、税务、市场监管等部门审查同意。国有和国有控股企业还需经过审计部门审查同意，企业负责人还需按照管理权限征得组织人事、纪检监察部门同意。非公有制企业和企业负责人还需按管理权限征得统战部门或工商联的同意，企业负责人还需征得上级党委或上级主管部门就其廉洁自律、遵纪守法等情况的审查同意。奖状单位和企业负责人所在的企业如果注册地不在推荐单位所在的省（区、市），需征求注册地有关部门的意见。申报全国五一劳动奖章的党政机关和社会团体领导干部，要按照干部管理权限，征得组织人事、纪检监察部门同意。跨省（区、市）农民工可由户籍所在地或工作所在地推荐，需征得对方同意。按照属地管理原则，驻会全国产业工会的推荐对象需征求归属省（区、市）总工会的意见。

（三）副司局级及以上党政机关和社会团体、县级及以上党委或者政府一般不参评；副司局级或者相当于副司局级及以上干部一般不参评。县处级干部原则上不超过评选总数的 20%。

（四）有近三年内发生重特大生产安全事故、严重职业危害或群体性事件，因拖欠职工工资或欠缴职工养老、工伤、医疗、失业、生育保险受到行政处罚，未组建工会，未建立职代会和集体合同制度，劳动关系不和谐，能源消耗超标，环境污染严重等情形之一的企业和企业负责人不得申报全国五一劳动奖状、全国五一劳动奖章。

第三章　单列名额和追授

第八条　除召开全国劳模表彰大会的年份外，全国五一劳动奖状、全国五一劳动奖章、全国工人先锋号每年"五一"前集中评选表彰一次。对符合评选表彰基本条件且具备下列条件之一者可单列名额。

（一）在国家重大战略、重大工程、重大项目、重点产业开展的关键阶段或关键环节作出突出贡献的；

（二）在奥运会、残奥会等国际重大赛事中创造优异成绩为祖国争得荣誉的，以及为举办奥运会、残奥会、亚运会、亚残运会等国际重大活动作出突出贡献的；

（三）在抢险救灾、处置突发事件或者完成重大专项任务中作出突出贡献，在社会上产生极大反响的；

（四）在中华全国总工会书记处批准的全国引领性劳动和技能竞赛中作出突出贡献的；

（五）在其他方面作出突出贡献，经中华全国总工会书记处批准需要单列名额的。

以中华全国总工会名义主办或参与主办的职工职业技能比赛的优胜选手可申报单列名额，具体按照中华全国总工会制定的《职工职业技能比赛授予全国五一劳动奖章管理办法》实施。

符合以上条件的对象，一般不当时表彰，调整到次年"五一"前夕与年度集中表彰一并进行，名额单列。如时效性较强、确须及时进行表彰的，经中华全国总工会书记处审定，报国家表彰奖励主管部门批准后，可按照国家有关及时性表彰管理规定实施及时性表彰。

第九条　对省、自治区、直辖市人民政府或有关部委授予革命烈士称号的个人，或省（部）级党委作出学习（表彰）决定的集体和个人，得到党和国家领导同志充分肯定的，经省、自治区、直辖市总工会申报，可授予或追授全国五一劳动奖状、全国五一劳动奖章、全国工人先锋号。

第十条　单列名额由相关省、自治区、直辖市总工会或全国产业工会、中华全国总工会相关部门申报，中华全国总工会劳动和经济工作部每年年底前统筹研究，纳入次年集中表彰方案统一呈报中华全国总工会书记处，审批同意后，按照推荐评选程序，于"五一"前夕统一表彰。

第四章　奖励和待遇

第十一条　全国五一劳动奖状、全国五一劳动奖章、全国工人先锋号的奖励实行精神鼓励和物质奖励相结合，以精神鼓励为主的原则。中华全国总工会对获奖的先进集体、先进个人颁发证书、奖状、奖章或奖牌，对个人给予一次性物质奖励。全国五一劳动奖章获得者按有关规定享受省（部）级劳模待遇。

第十二条　全国五一劳动奖章获得者可参加工会组织的疗休养和其它活动。疗休养和活动期间按出勤对待。

第十三条　全国五一劳动奖章获得者经本人申请，省级成人高校招生办公室审核，招生学校同意，可免试进入国家或省级成人高等学校学习。

第五章　管　理

第十四条　全国五一劳动奖状、全国五一劳动奖章、全国工人先锋号获得者的管理工作在中华全国总工会指导下，由其所在地区和单位的工会组织负责。

第十五条　全国五一劳动奖状、全国五一劳动奖章、全国工人先锋号获得者管理工作的主要任务是：

（一）建立管理制度，完善评选管理机制，制定和协调落实有关政策，做好信访接待工作；

（二）加强基础工作，建立健全管理档案，实行动态管理，重大情况及时报告；

（三）宣传全国五一劳动奖状、全国五一劳动奖章、全国工人先锋号获得者的先进事迹，总结推广他们的先进经验，充分发挥其在经济社会发展中的示范导向作用；

（四）关心全国五一劳动奖章获得者的思想、工作和生活，帮助他们解决生产生活等困难，依法维护他们的合法权益；

（五）做好与全国五一劳动奖状、全国五一劳动奖章、全国工人先锋号获得者有关的其他工作。

第六章　荣誉的撤销

第十六条　有下列情形之一者，撤销全国五一劳动奖状、全国工人先锋号荣誉，收回证书、奖状或奖牌。

（一）弄虚作假，骗取荣誉的；

（二）发生重特大生产安全事故或严重职业危害的；

（三）发生群体性事件或重大负面舆情事件，造成恶劣影响的；

（四）拖欠职工工资，欠缴职工养老、工伤、医疗、失业、生育保险等，拒不改正的；

（五）被列入严重失信主体名单的；

（六）其他不宜保留荣誉的。

第十七条 有下列情形之一者，撤销全国五一劳动奖章荣誉，收回证书、奖章，终止其享受的相关待遇。

（一）弄虚作假，骗取荣誉的；

（二）因触犯国家法律，受到刑事处罚的；

（三）因违纪受到撤销党内职务、留党察看、开除党籍等党纪处分的；

（四）因违法受到撤职、开除等政务处分的；

（五）违反政治纪律和政治规矩，或者违背社会公序良俗、突破道德底线，造成不良影响的；

（六）非法离境的；

（七）被列入严重失信主体名单的；

（八）其他不宜保留荣誉的。

第十八条 原推荐单位或现所在单位对查实具有本办法第十六条、第十七条规定情形的，应当在 15 个工作日内依照评选审批程序逐级上报，所在省、自治区、直辖市总工会或全国产业工会向中华全国总工会提出书面报告，经中华全国总工会审核批准后，撤销荣誉，收回证书、奖章或奖牌，告知有关方面取消相应待遇。

中华全国总工会对查实具有本办法第十六条、第十七条规定情形的，可以直接撤销荣誉，收回证书、奖章或奖牌，告知有关方面取消相应待遇，并书面通报现所在单位和推荐单位。

第七章　附　则

第十九条 本办法由中华全国总工会负责解释。

第二十条 本办法自发布之日起施行。2011 年 11 月印发的《全国五一劳动奖状全国五一劳动奖章全国工人先锋号评选管理工作暂行办法》（总工发〔2011〕77 号）和 2012 年 4 月印发的《关于即时授予全国五一劳动奖状、全国五一劳动奖章和全国工人先锋号的规定》（总工发〔2012〕27 号）同时废止。

参考资料及说明

[1]《中华人民共和国宪法》（2018 年修正文本）本书中简称《宪法》

[2]《中华人民共和国国家勋章和国家荣誉称号法》（2015 年 12 月 27 日第十二届全国人民代表大会常务委员会第十八次会议通过）本书中简称《国家勋章和国家荣誉称号法》

[3]《中华人民共和国职业病防治法》（根据 2018 年 12 月 29 日第十三届全国人民代表大会常务委员会第七次会议《关于修改〈中华人民共和国劳动法〉等七部法律的决定》第四次修正）本书中简称《职业病防治法》

[4]《中华人民共和国安全生产法》（根据 2021 年 6 月 10 日第十三届全国人民代表大会常务委员会第二十九次会议《关于修改〈中华人民共和国安全生产法〉的决定》第三次修正）本书中简称《安全生产法》

[5]《中华人民共和国工会法》（根据 2021 年 12 月 24 日第十三届全国人民代表大会常务委员会第三十二次会议《关于修改〈中华人民共和国工会法〉的决定》第三次修正）本书中简称《工会法》

[6]《中华人民共和国劳动法》（根据 2018 年 12 月 29 日第十三届全国人民代表大会常务委员会第七次会议《关于修改〈中华人民共和国劳动法〉等七部法律的决定》第二次修正）本书中简称《劳动法》

[7]《中国工会章程》（中国工会第十八次全国代表大会部分修改，2023 年 10 月 12 日通过）

[8]《劳动保护监督检查员工作条例》中华全国总工会 2001 年 12 月 31 日

[9]《基层工会劳动保护监督检查委员会工作条例》中华全国总工会 2001 年 12 月 31 日

[10]《工会小组劳动保护检查员工作条例》中华全国总工会 2001 年 12 月 31 日